Le Cœur Sacerdotal de Jésus

« **Les Écrits du Père Léon Dehon** »

Collection dirigée par Jean-Jacques Flammang scj

La Retraite du Sacré-Cœur
1896

*

Mois du Sacré-Cœur de Jésus
sur les litanies du Sacré-Cœur
1900

*

De la Vie d'Amour
envers le Sacré-Cœur de Jésus
Trente-trois méditations
pouvant servir pour le Mois du Sacré-Cœur
1901

*

Couronnes d'amour au Sacré-Cœur
Trois mois de méditations
sur la Vie d'amour envers le Sacré-Cœur de Jésus
1905

*

Le Cœur sacerdotal de Jésus
Trente-trois méditations destinées
particulièrement aux Prêtres et aux Clercs
1907

*

Léon Dehon

Fondateur des Prêtres du Sacré-Cœur

Le Cœur Sacerdotal de Jésus

Trente-trois méditations
destinées particulièrement
aux Prêtres et aux Clercs

Editions SCJ Clairefontaine

Heimat und Mission

Note éditoriale

Le texte *Le Cœur Sacerdotal de Jésus* est établi à partir de la première édition, parue en 1907 à Paris (Librairie Internationale Catholique), Leipzig (Kittler) et Tournai (Casterman).

Pour les corrections, le texte mis en ligne sur *www.dehondocs.it* a été consulté. Les références exactes aux textes bibliques ont été indiquées entre parenthèses dans le texte. En note figure en italique la traduction des citations latines que Léon Dehon n'a pas lui-même traduites dans son texte. Les autres notes sont les notes de l'édition originale.

Un index des citations bibliques et un index des noms ont été ajoutés à la fin du volume.

Photo en couverture :

Le Christ en croix

Détail d'une miniature d'un manuscrit

Photo Prof. Norbert Thill-Beckius,

Archives Heimat und Mission

© Editions SCJ Clairefontaine, 2015

Heimat und Mission, L-8401 Steinfort

www.scjef.org

Impression BOD – Books on Demand, Allemagne

ISBN 978-99959-913-6-4

Dépôt légal, novembre 2015

Introduction

On peut appliquer à la dévotion au Sacré-Cœur, comme on les applique à l'Eucharistie, ces paroles du livre de la Sagesse : « *Panem de caelo praestitisti eis omne delectamentum in se habentem.* - C'est un pain du ciel qui a toutes les saveurs. » Comme la manne du désert, comme la manne eucharistique, cette dévotion est une nourriture céleste qui a tous les goûts, toutes les saveurs spirituelles et qui s'adapte merveilleusement à toutes les âmes, quels que soient leurs besoins, leur condition, leur attrait particulier.

La dévotion au Sacré-Cœur se rapporte à tous les mystères et à tous les états de Notre-Seigneur. Elle donne l'explication de tout avec ce seul mot : *Amour*.

Comme les fidèles trouvent dans cette dévotion tous les motifs de confiance et tous les encouragements à la vertu, les prêtres y trouveront l'idéal de la vie sacerdotale et le modèle dont ils doivent se rapprocher.

*

Dans la première forme de cette dévotion, l'image du Sacré-Cœur n'était pas dessinée et représentée, mais la méditation des fidèles se portait vers les pensées, les affections, les actes intérieurs de Notre-Seigneur. Les écrits des Pères et la sainte liturgie elle-même dirigeaient nos méditations vers la vie intérieure du Christ. Le Cœur de Jésus était déjà considéré comme l'organe des principaux devoirs que nous avons à rendre à Dieu, comme le cœur de notre Médiateur et de notre Pontife, comme l'instrument de notre religion vis-à-vis de la sainte Trinité. L'acte et l'habitude de nous unir à lui étaient déjà tenus pour le meilleur moyen de remplir nos devoirs d'une manière parfaite. Cette considération se résume par ces paroles du canon de la messe : « *Per ipsum, cum ipso et in ipso est tibi... omnis honor et gloria ;* c'est par lui, avec lui et en lui que tout honneur monte vers Dieu. »

Per ipsum. – Notre-Seigneur est notre Médiateur et notre Pontife. Il l'est surtout par son amour, par son cœur, dont toute la vie s'épuise dans les devoirs qu'il rend à son Père en notre nom. Et c'est parce qu'elles partent de son cœur et qu'elles sont animées de son amour, que toutes ses œuvres de salut ont tant de prix auprès de son Père.

Cum ipso. – Notre-Seigneur est notre Frère, notre Pontife, notre Avocat. Quand nous adressons à Dieu notre prière (et toute bonne œuvre est une prière), nous unissons notre voix, nos soupirs, nos gémissements à la voix, aux soupirs, aux gémissements du Cœur sacré mille fois aimant de notre Frère. Avec lui, nous poussons ce cri d'amour : Notre Père ! Nos cœurs doivent donc se perdre dans le cœur si doux du Frère, du Prêtre, que nous avons au ciel et au tabernacle, pour rendre à Dieu tous nos devoirs et tous nos hommages.

Et in ipso. – En lui, nous offrons nos prières et nos œuvres et en cela nous avons tous, même les simples fidèles, quelque part à son sacerdoce : *gens sancta, genus sacerdotale...* Tous les saints du ciel, tous les saints de la terre et du purgatoire, tous les chrétiens n'ont qu'un cœur en Notre-Seigneur, un cœur sacerdotal qui offre à Dicu louange, amour et sacrifice : « *Hoc sentite in vobis quod et in Christo Jesu.*[1] » (Ph 2, 5)

Omnis honor et gloria. – Toute la gloire, tout l'honneur que Dieu peut recevoir de nous doit passer par le Cœur sacré de Jésus, le cœur de notre Médiateur, de notre Prêtre. Tout le reste n'est rien pour Dieu.

Cette doctrine a été mise en relief tout spécialement par les deux grandes âmes séraphiques de l'ordre bénédictin : sainte Gertrude et sainte Mechtilde.

Elle allait en s'accentuant au beau temps de l'Oratoire de France. Monsieur Olier, fondateur des Sulpiciens, la formula dans ses écrits et en particulier dans ses offices du Sacerdoce et de l'Intérieur de Notre-Seigneur. Le vénérable Père

---

[1] - *Ayez entre vous les mêmes sentiments qui sont dans le Christ Jésus.*

Eudes, élève du Cardinal de Bérulle et du Père de Condren, apprit à leur école cette doctrine de la méditation de Jésus-Christ pour nos devoirs de religion envers Dieu, et il fit un pas de plus, il découvrit plus clairement la source, il vit que tout venait du Cœur de Jésus et il commença à proposer à notre vénération l'image du Sacré-Cœur.

*

Depuis la révélation de Paray-le-Monial, le Sacré-Cœur de Jésus n'est plus seulement *l'organe* des devoirs que nous rendons à Dieu, il est lui-même *l'objet* de notre culte et de notre amour, il reçoit lui-même nos hommages. C'est ce que Notre-Seigneur a demandé dans ses révélations à la Bienheureuse Marguerite-Marie. Il voile pour ainsi dire les splendeurs de sa divinité sous l'amabilité du Cœur qu'il manifeste aux hommes. Il résume tout le tableau de la rédemption en ces mots : « Voilà ce Cœur qui a tant aimé les hommes », et il demande qu'on lui rende amour pour amour. Mais jusqu'ici, on n'a pas encore assez mis en relief le caractère sacerdotal du Cœur de Jésus.

Comment ce Cœur nous a-t-il aimés ? en s'immolant pour nous. C'est donc son Cœur sacerdotal que nous présente le bon Maître, son Cœur de prêtre et de victime, le Cœur qui nous a témoigné son amour en se sacrifiant pour nous sur l'autel de la croix. Il nous présente son cœur de chair comme symbole de son amour, et il nous demande d'honorer ce symbole et surtout son amour même, mais son amour blessé par le sacrifice que symbolisent la lance et les épines, son amour de prêtre et de victime volontaire.

Notre-Seigneur ne met-il pas en relief tout à la fois son amour et son sacrifice ? « Voilà ce Cœur qui a tant aimé les hommes, qu'il n'a rien épargné pour les sauver ! »

Les principales manifestations de cet amour, l'Incarnation, la Passion et l'Eucharistie, ne sont-ils pas les grands actes sacerdotaux de la vie du Sauveur, et comme les diverses phases d'un même sacrifice ?

Toute sa vie a été adoration et amour, depuis l'abaissement de l'Incarnation jusqu'à la mort de la croix : immolation extérieure par la souffrance, l'humiliation, la pauvreté ; humiliation intérieure par l'amour et l'adoration. C'est la première fin du sacrifice. C'est aussi le premier acte de sa vie eucharistique.

Tous les battements du Cœur de Jésus disaient sa reconnaissance à son Père. L'Évangile nous rappelle souvent qu'il rendait grâces, *gratias agens,* mais l'action de grâces est une autre fin du sacrifice. Le sacrifice de l'autel s'identifie même tout spécialement avec la reconnaissance, dont il porte le nom : Eucharistie.

La prière sacerdotale animait aussi toute la vie du Sauveur. Il priait pour nous le jour et la nuit. Il vivait pour prier et il continue à le faire :

« *Semper vivens ad interpellandum pro nobis[1]*. » (He 7, 25) C'est la troisième fin du sacrifice.

Un autre sentiment qui enivrait le Cœur de Jésus pendant sa vie mortelle et qui le fait encore palpiter dans l'Eucharistie, est la réparation. Il n'en est pas sur lequel Notre-Seigneur revienne plus souvent dans les révélations faites à la bien-heureuse Marguerite-Marie. Du reste la réparation naît de l'amour et de la reconnaissance comme le fruit naît de la fleur.

Le Cœur de Jésus est l'organe et le modèle de notre réparation. Mais la réparation n'est-elle pas la quatrième fin du sacrifice ?

Le Cœur de Jésus est donc bien et par-dessus tout un cœur de prêtre, et il convenait que les prêtres l'honorassent sous cet aspect.

*

La dévotion au Cœur sacerdotal de Jésus a pour objet le Cœur de Jésus prêtre et victime, que nous dépeint si bien l'hymne du temps pascal :

> *Almique membra corporis*
> *Amor sacerdos immolat[2].*

Oui, c'est l'amour, c'est le Cœur sacré de Jésus qui jouit éminemment du caractère sacerdo-tal. Il s'immole lui-même, il immole le corps

---

[1] - *Etant toujours vivant pour intercéder en notre faveur.*
[2] - *Et les membres d'un tendre corps, l'amour prêtre les immole.*

qu'il vivifie selon cette expression si belle : « *Amor sacerdos immolat* ». Cette vie de prêtre et de victime, dont le Sacré-Cœur est le principe, résume toute la vie, toutes les opérations intérieures et extérieures de Notre-Seigneur. Les trois grands fleuves d'amour de l'Incarnation, de la Passion et de l'Eucharistie partent de cet océan et y retournent après avoir parcouru le monde dans leur course vivifiante et salutaire. Tout est là, tous les mystères du salut, tous les bienfaits de Dieu, toutes les richesses de sa grâce et de sa miséricorde, le Cœur de Jésus, prêtre et victime d'amour, renferme tout cela.

Nous qui sommes prêtres, ne devons-nous pas aimer à considérer le Cœur de Jésus sous cet aspect ? N'est-ce pas notre devoir ? N'est-ce pas là pour le prêtre la vraie dévotion au Sacré-Cœur ?

N'est-ce pas à cette école du Cœur sacerdotal de Jésus que nous apprendrons à devenir de vrais et saints prêtres ?

Oui, contemplons ce Cœur sacerdotal. Étudions ses pensées, palpons ses battements, méditons ses amours. Il va nous dire toutes les vertus sacerdotales, tous les devoirs, toute la vie, toute la perfection du prêtre.

Au contact du Cœur sacerdotal de Jésus, nous osons dire que tout prêtre deviendra plus prêtre qu'il ne l'était précédemment.

Première méditation

Que la première origine du sacerdoce
est le sein du Père

« Il nous semble que c'est jusqu'à ces hauteurs sublimes et à ces secrets adorables, que nous devons élever nos esprits et nos cœurs, avec humilité et amour, au commencement de ce livre sur le Sacerdoce de Jésus-Christ. » (P. Giraud : Prêtre et Hostie).

Le Verbe est la gloire éternelle du Père. En rendant gloire et amour à son Père, n'exerce-t-il pas, vis-à-vis de lui, une sorte de sacerdoce? On peut dire que le Verbe est comme le prêtre éternel du Père dans la vie intime et immanente de la sainte Trinité. C'est le type éminent du sacerdoce.

I. Le Verbe est comme le prêtre éternel du Père

Le Fils est la gloire éternelle du Père : « *Splendor gloriae et figura substantiae ejus[1].* »

---

[1] - *La splendeur de sa gloire et l'image de sa substance. (He 1, 3)*

(Saint Paul aux Hébreux). Mais être cette gloire, aimer cet état, s'y complaire et produire l'acte d'amour qui répond à cette complaisance envers celui qui est le principe de cet état, n'est-ce pas exercer une sorte de sacerdoce à son égard ? Le prêtre est-il autre chose que le ministre de la gloire de Dieu, suivant le texte de saint Paul : « Tout pontife est établi pour ce qui est de Dieu. » (He 5, 1) Il est vrai que cette parole de l'Apôtre a été dite du sacerdoce tel qu'il existe depuis la chute, sacerdoce de médiation et d'expiation, qui implique dans celui qui en est revêtu une véritable et nécessaire infériorité relativement à celui qui en reçoit l'hommage. Mais si, donner à Dieu, dans ce ministère inférieur, une gloire accidentelle, est un acte sacerdotal, n'y a-t-il pas dans l'état du Fils, qui est à son Père sa propre gloire essentielle, et dans l'acte incessant et infini d'amour qui répond à cet état, une sorte de sacerdoce sublime, type et exemplaire éternel de tout sacerdoce et de toute religion ? Plusieurs Pères l'ont pensé. (P. Giraud : Prêtre et Hostie)

Saint Cyrille de Jérusalem, dans sa dixième catéchèse, dit : « Le Christ est souverain Prêtre ; il possède un sacerdoce immuable, qui n'a pas commencé avec le temps. Il ne l'a pas reçu d'une succession qui soit selon la chair ; il n'a pas été oint d'une huile figurative ; mais il l'a été par le Père lui-même, avant les siècles. »

Répétons encore toutefois qu'il ne s'agit pas dans le Verbe d'un sacerdoce proprement dit, ce qui impliquerait une infériorité réelle : « *Christus non fuit sacerdos secundum quod Deus[1].* » (Summa Theologiae, III, qaestio 22, ad 3)

Mais nous pouvons avec les Pères, voir dans la glorification du Père par le Fils comme un type éminent du sacerdoce.

II. Le Verbe exerce ce sacerdoce avec son Cœur divin

Cette glorification immanente, cette louange infinie, cet amour seul digne du Père, ne peut-on pas dire que le Verbe l'exerce avec son cœur ? En maint endroit, la sainte Écriture nous parle du Cœur de Dieu. Au Livre des Rois, Dieu dit à Salomon que son cœur serait toujours affectionné au temple de Jérusalem : « *Erunt oculi mei et cor meum ibi cunctis diebus[2].* » (1 R 9, 3) Plusieurs fois il parle d'un *homme selon son cœur.*

Dans son beau livre sur le Cœur admirable de Marie, le vénérable Père Eudes nous parle souvent du *Cœur divin* de Jésus. « Son *Cœur divin,* dit-il, est celui que notre Sauveur a de toute éternité dans le sein adorable de son Père ; il n'est qu'un cœur et qu'un amour avec le cœur et l'amour de son Père ; et avec ce cœur et cet amour, il est le principe du Saint-Esprit.» (Cœur admirable, livre XII)

---

[1] *- Le Christ n'a pas été prêtre selon sa divinité.*
[2] *- Les yeux et mon cœur y seront toujours.*

On distingue donc en Dieu l'amour essentiel commun aux trois personnes divines et l'amour personnel du Père et du Fils, qui est le principe du Saint-Esprit.

Saint Thomas d'Aquin explique cette distinction : « Dans le sens personnel ou notionnel, dit-il, aimer c'est produire l'amour, comme parler, c'est produire des mots, et fleurir, c'est produire des fleurs. Dans ce sens le Père se dit lui-même et dit ses créatures par le Verbe son Fils ; le Père et le Fils s'aiment en eux-mêmes et nous aiment par le Saint-Esprit et par l'amour qui en procède. » (1 p. q. 36)

L'acte éternel de louange et d'amour du Fils envers son Père est comparé par plusieurs Pères de l'Église, par saint Grégoire le Thaumaturge, saint Cyrille d'Alexandrie et saint Ambroise, à un acte sacerdotal. Thomassin les résume : « Il faut distinguer, dit-il, deux sortes de sacerdoces : le premier qui ne s'exerce que dans l'humilité et la servitude ; le second qui n'a rien de semblable, mais qui est sublime et au-dessus de tout ce qui ressemble à un abaissement quelconque. C'est ce dernier, qui a pu être exercé, dès l'éternité, par le Fils véritable du Père, à l'égard de ce Père qui est son Auteur et son Principe... C'est un Dieu qui rend hommage à un Dieu, c'est le Tout-Puissant qui rend hommage au Tout-Puissant, qui reconnaît lui devoir tout ce qu'il est, qui lui rend grâces, qui se réjouit éternellement d'être pour son Principe ce qu'il est, c'est-à-dire sa gloire.

Évidemment, ce genre de sacerdoce, magnifique, glorieux, qui n'est que grandeur et élévation, n'est point contraire à la dignité du Verbe ; et c'est pourquoi les saints Pères n'ont pas craint de le lui attribuer. » (De l'Incarnation, 1, X)

III. C'est là comme l'exemplaire et le type du sacerdoce exercé par le Sauveur et par les ministres de l'Église

Mystère insondable, où j'adore le Père premier Pontife, se donnant la seule gloire digne de lui, qui est son Fils ; et ce Fils, heureux d'être cette louange, cette gloire et la présentant à son Père comme une offrande sacerdotale.

Oui, prêtres, on peut rechercher jusqu'à ces hauteurs l'exemplaire et le type de notre sacerdoce. L'Écriture Sainte elle-même nous y autorise. La Sagesse qui est le Verbe nous révélant son origine éternelle, au livre de l'Ecclésiastique, tient ce magnifique langage :

« Je suis sortie de la bouche du Très-Haut, je suis née avant toute créature... et j'ai été en présence de Dieu, dans la demeure sainte, comme exerçant un ministère : *In habitatione sancta coram ipso ministravi.* » (Si 24, 10)

« La sagesse, dit le commentateur Corneille de la Pierre, est appelée le prêtre et le ministre de Dieu *sacerdos et mystes,* elle en garde les sacrés mystères, elle lui offre de saintes victimes. »

Ô Prêtres du Christ, abîmez-vous devant cet idéal, votre modèle, le Cœur du Verbe offrant de toute éternité à son Père le sacrifice de l'infinie louange et de l'infini amour.

Deuxième méditation

Vocation sacerdotale de Jésus :
Dieu le Père envoie son Fils en ce monde
pour qu'il y soit son prêtre

Les diverses écoles théologiques ont des sentiments différents sur les motifs de l'incarnation. Dieu voulait-il en toute hypothèse nous donner son Fils pour être notre chef, notre roi, notre pontife, ou n'a-t-il voulu l'incarnation que pour la réparation du péché d'Adam ? C'est son secret.

Quoi qu'il en soit, dès lors qu'une personne divine s'incarne, elle sera, avant tout et pardessus tout, prêtre de Dieu : premièrement parce que la glorification du nom de Dieu, de ses attributs et de ses droits est la fin de cette incarnation, comme elle est la fin universelle des œuvres divines : or, cette glorification est la mission, l'œuvre et comme l'être même du sacerdoce ; secondement, parce qu'un Dieu qui se fait homme doit être le chef de la religion de toute créature.

I. Le Dieu fait homme sera prêtre

Le Dieu fait homme sera donc prêtre. Il le sera d'abord pour lui-même, parce qu'il devra offrir un sacrifice à Dieu comme créature ; mais il sera par-dessus tout Pontife universel, rendant à Dieu, en sa qualité de Chef et de Médiateur, tous les hommages que la création tout entière doit à son Créateur. (P. Giraud)

Or, parmi les personnes divines, c'est au Fils qu'il convient de s'incarner pour devenir le Pontife suprême de la création. Il y est préparé par le caractère propre de sa filiation qui est d'être la gloire de son Père. « Pour ce divin sacerdoce, dit Bossuet, il ne faut être né que de Dieu ; et vous avez votre vocation, ô Jésus, par votre éternelle naissance. » (Elévations sur les mystères, XIIIe semaine).

Saint Paul insinue la même doctrine : « Le Christ ne s'est pas donné à lui-même la gloire du Pontificat ; mais il l'a reçue de Celui qui a dit : Vous êtes mon Fils, je vous ai engendré aujourd'hui » (He 5, 5)

C'est la pensée de saint Thomas d'Aquin et des Pères : « C'est au Fils qu'il convenait de s'incarner pour être le prêtre de Dieu, pour rendre gloire à son Père. » (P. III, q. 3, a. 8)

II. Dieu le Père donne à son Fils incarné un cœur de prêtre

Le Père céleste qui envoie son Fils pour exercer le Pontificat suprême, lui donne tout ce qui convient à un prêtre.

Il lui donne avant tout un *cœur sacerdotal*. C'est du cœur en effet que procèdent toute louange, tout amour, tout sacrifice. Notre-Seigneur l'exprimait lui-même plus tard : « Ce que la bouche profère, disait-il, cela vient du cœur. » (Mt 18, 18)

C'est le sacrifice du cœur que Dieu réclame avant tout : « Tu aimeras Dieu de tout ton cœur – tu serviras Dieu de tout ton cœur. » (Dt 6, 5) Notre-Seigneur comparant son sacrifice à ceux de l'ancienne loi, déclare d'abord que son Père lui a donné un corps à immoler à la place des agneaux et des génisses, mais il ajoute de suite que l'âme de ce sacrifice ou sa loi directrice est en son cœur : « Vous n'avez plus voulu, dit-il à son Père, des victimes de l'ancienne loi, vous m'avez donné *un corps* pour vous l'immoler. » (He 10, 5) – Vous m'avez donné des oreilles pour que j'entende la loi du sacrifice et que je la grave *dans mon cœur* : « *Aures autem perfecisti mihi. Tunc dixi : ecce venio... Deus meus, volui et legem tuam in medio cordis mei.*[1] » (Ps 39, 7-9)

---

[1] - *Tu m'as fait des oreilles. Alors j'ai dit : Me voici... mon Dieu, et j'ai voulu ta loi au milieu de mon cœur.*

Ainsi, Dieu le Père, en envoyant son Fils en ce monde pour qu'il y soit son prêtre, lui donne avant tout un *cœur sacerdotal.* Au moment même de l'Incarnation, c'est en son cœur que le Christ reçoit sa mission sacerdotale et qu'il l'accepte avec amour : « *Legem tuam in medio cordis mei.*[1] » (Ps 39, 9) Il est heureux et se réjouit en son cœur d'être ainsi consacré prêtre de la gloire de son Père dans le temps, comme il est, d'une manière différente et ineffable, son prêtre de toute éternité.

III. Il sera prêtre toujours et par-dessus tout

Ce sacerdoce, qu'il reçoit ainsi, le Verbe incarné l'exerce dès le moment de l'incarnation, sans aucun délai, comme sans aucune réserve, avec une infinie religion envers son Père saint et adorable : « *Tunc dixi : Ecce venio, ut faciam, Deus, voluntatem tuam.*[2] » (He 10, 9) Son divin Père le veut sa victime, mais lui aussi veut être la victime du Père, et il s'offre, en effet, avec un grand cœur, ou comme dit Isaïe, « avec une pleine volonté. – *Oblatus est, quia ipse voluit*[3] » (Ps 53, 7). – « Me voici, dit-il à son Père, me voici, je viens faire votre volonté. » (He 10, 9) Son cœur est un cœur de prêtre. Le sacrifice,

---

[1] - *Ta loi au milieu de mon cœur.*

[2] - *Alors j'ai dit : Voici que je viens pour faire, mon Dieu, ta volonté.*

[3] - *Il a été offert parce qu'il a lui-même voulu.*

l'immolation de lui-même et la glorification de son Père, seront son œuvre par excellence, la pensée dominante de sa vie, l'inclination constante de son cœur. Son cœur divin et humain sera pour toujours un *cœur de prêtre :* « *Tu es sacerdos in aeternum:* Tu es prêtre à jamais. – Ton cœur doit être à jamais un cœur de prêtre. » Cette disposition, cet acte permanent du cœur sacerdotal de Jésus, sera une perpétuelle glorification de son Père, un accomplissement très fidèle de ses desseins, un soin jaloux de tout rapporter à son honneur, à son unique satisfaction, au seul triomphe de ses intérêts, de sa cause, de son bon plaisir.

Sans doute, le sacrifice du Verbe incarné a été réellement offert à la Sainte Trinité ; mais, comme le Père est Principe dans la Trinité et que c'est le Père qui a envoyé son Fils, nous pouvons, suivant la coutume théologique et traditionnelle, attribuer au Père l'honneur du sacrifice. Notre-Seigneur nous laisse entendre, dans l'Évangile, que telle était la disposition de son cœur. Il dira de sa vie : « Qu'elle est tout entière pour son Père – *Ego vivo propter Patrem.* » (Jn 6, 58) Il dira de ses actions et de ses œuvres : « Je ne fais rien de moi-même. Je ne fais que ce qui plaît à mon Père. » (Jn 5, 19 et Jn 8, 16) Parlant de sa propre gloire, il protestera qu'elle n'est rien. (Jn 8) Si on le loue, il élèvera les esprits et les cœurs vers son Père : « Pourquoi m'appelez-vous bon? Nul n'est bon que Dieu seul. » (Lc 19, 19)

Ô sublime et parfaite abnégation ! Rien pour lui, tout pour le Père, dont il sert la gloire, parce qu'il est établi son prêtre et *son hostie.*

Ô prêtres du Christ, où en est votre cœur ? Est-il oublieux de lui-même ? Est-il pleinement immolé et dévoué à la gloire de Dieu ? C'est toute votre vie qui devrait porter cette empreinte : « *Ego vivo propter Patrem.* – Je vis pour mon Dieu et mon Père. »

Troisième méditation

Ordination sacerdotale de Jésus :
l'onction de l'Esprit-Saint

Nous sommes faits prêtres par l'imposition des mains et par une onction sacrée qui représente l'œuvre sanctifiante de l'Esprit-Saint.

Le Christ, lui, n'a pas reçu une onction symbolique, mais il a reçu l'onction même de l'Esprit-Saint : « *Unxit eum Deus Spiritu Sancto[1].* » (Ac 10, 38) C'est pour cela qu'il est appelé le Christ, l'oint par excellence.

Honorons cependant en nous l'onction figurative, qui nous applique quelque chose des grâces sacerdotales du Sauveur et qui fait de nous les oints du Seigneur.

I. Le Christ est prêtre par l'onction du Saint-Esprit

Nous avons dit, avec le théologien Thomassin et avec les Pères, que dans la vie intime de la

___

[1] - *Dieu l'a oint par l'Esprit-Saint.*

Sainte Trinité on peut attribuer au Verbe une sorte de sacerdoce : *sacerdotii nomen aliquod* (Thomassin, de l'incarnation, livre X, chapitre IX). L'onction de ce sacerdoce divin est l'Esprit-Saint lui-même, l'amour substantiel et infini qui procède du Père au Fils et retourne du Fils au Père.

« Le Christ est souverain Prêtre, dit saint Cyrille que nous avons déjà cité, il possède un sacerdoce immuable, qui n'a pas commencé avec le temps et qui n'a besoin d'aucun autre qui lui succède. Il ne l'a pas reçu d'une succession qui soit selon la chair ; il n'a pas été oint d'une huile figurative ; mais il l'a été par le Père lui-même avant les siècles. »

Quoi qu'il en soit de la vie intime et mystérieuse de l'auguste Trinité, il est certain que dans l'ordre temporel tout acte de sanctification, de consécration, de bénédiction divine et d'élévation surnaturelle est attribué à l'Esprit saint, qui est amour, charité, sainteté. Quand le Père envoie son Fils en ce monde, pour qu'il soit prêtre et hostie, c'est le Saint-Esprit qui est l'onction de cette divine prêtrise. « Quand on nomme le Christ, l'oint du Seigneur, dit saint Irénée, ce nom rappelle la sainte Trinité : le Père, auteur de l'onction, le Fils qui la reçoit, le Saint-Esprit qui est l'onction elle-même. – *Unxit quidem Pater, unctus est vero Filius in Spiritu, qui est unctio.* » (Contre les hérésies, livre 3, chapitre XVIII)

« Plusieurs ont pensé, dit saint Ambroise, que l'onction du Christ, c'est le Saint-Esprit. Ils ont raison ; c'est bien de cette Huile de joie, qui répand la bonne odeur de tant de grâces, que le Père tout-puissant a oint le Prince des Prêtres. » (De l'Esprit Saint, 1. I. chapitre, IX)

II. C'est surtout en son cœur que le Christ a reçu l'onction de l'Esprit saint

L'Esprit saint est l'auteur de toute la sainte humanité de Jésus. Il a consacré tout Jésus, il l'a fait tout entier prêtre et hostie. Mais l'action de l'Esprit saint a cependant pour terme plus spécial le cœur. La grâce vient aussi en nous, elle nous saisit tout entiers, si nous n'y résistons pas, mais il n'est pas moins vrai qu'elle agit principalement en notre cœur : « *Caritas Dei diffusa est in cordibus nostris per Spiritum sanctum qui datus est nobis[1].* » (Rm 5, 5)

Jésus est prêtre en tout son être, mais son *Cœur* est le centre de sa vie sacerdotale. C'est en son cœur qu'il accepte sa mission et son sacrifice : « Me voici, dit-il à son Père, et votre volonté sera la loi de mon cœur. » (Ps 39, 8-9)

L'Esprit saint est l'inspirateur de toute son oblation : « *Per Spiritum sanctum semetipsum obtulit immaculatum Deo[2].* » (He 9, 14) L'Esprit

---

[1] - *L'Amour de Dieu a été répandu dans nos cœurs par l'Esprit saint qui nous fut donné.*
[2] - *Par l'Esprit saint il s'est offert lui-même sans tache à Dieu.*

saint le conduit au temple pour y faire son oblation publique ; puis en Égypte où il est violemment jeté, comme autrefois était jeté au désert le bouc émissaire, figure de son état d'hostie d'expiation. Il le conduit à Nazareth où, pendant trente ans, il inspire à son cœur sacerdotal de faire envers son Père, dans le silence de la solitude, dans l'obscurité et le travail, tant d'actes sublimes de la plus éminente religion. Au commencement de la vie publique, il conduit Jésus au désert, où notre adorable victime fait, pour l'expiation de nos péchés, la prodigieuse pénitence racontée par les évangélistes. Quand arrive le temps de la douloureuse Passion, il incline ce cœur sacerdotal à se soumettre au Père ; et, lorsque le divin holocauste fut accompli sur le calvaire, l'Esprit saint en fut le « Feu consumant », coopérant ainsi à vivifier le monde par la mort de la divine victime. (Oraison liturgique avant la communion)

Maintenant, au ciel où le sacrifice d'amour et de louange se continue éternellement, l'Esprit saint en est toujours le feu consumant. Il l'est aussi dans le sacrifice eucharistique où le pain se change au corps de Jésus-Christ et le vin en son sang par les paroles sorties du Cœur de Jésus.

Le Saint-Esprit est tellement le maître et l'inspirateur du Cœur de Jésus que le vénérable Père Eudes a pu l'appeler le Cœur spirituel de Jésus.

« En quelque état que l'on considère le sacrifice de Jésus-Christ, dit le Père de Condren, soit dans le sein de la Vierge ou sur la croix, soit dans l'Eucharistie ou dans le ciel, c'est toujours le Saint-Esprit qui consacre ou qui consume le sacrifice. » (Du sacerdoce et du sacrifice de Jésus-Christ, 3ᵉ p. chapitre VIII)

Le Cœur de Jésus, spécialement consacré par l'Esprit saint est donc le principal organe du Sacerdoce de Jésus-Christ.

III. Le Cœur sacerdotal de Jésus doit être l'objet de nos contemplations

Combien ce Cœur sacerdotal, source et modèle de tout sacerdoce, doit être pour nous, prêtres de Jésus-Christ, l'objet de nos contemplations, de nos louanges, de nos actions de grâces !

Ce cœur divin a été l'organe de l'Esprit saint, l'organe du divin amour pour la louange de son Père et pour le salut de nos âmes. Il a été à la fois le prêtre et l'hostie pour expier nos fautes et pour nous mériter toutes grâces. Il a lui-même, sous l'inspiration de l'Esprit d'amour, voulu et déterminé la divine effusion de son sang sur la croix. Il nous distribue maintenant ses mérites par la voie des sacrements, qu'il a lui-même institués.

Ce Cœur sacerdotal a lui-même fondé le sacerdoce de la loi nouvelle comme un prolongement de sa mission : « Comme mon Père m'a envoyé, je vous envoie. » (Jn 20, 21) Il nous fait prêtres et notre cœur reçoit à son tour l'onction de l'Esprit saint, pendant que nos mains reçoivent l'onction symbolique de l'huile et du baume.

Ô que notre sacerdoce est grand et saint ! L'Esprit saint en est l'âme et l'inspiration et il ne peut pas nous donner d'autres dispositions que celles de Jésus. Comme le Sauveur, nous devons être à la fois prêtres et hosties. Nous devons nous sacrifier pour le salut des âmes. Nous devons étudier Jésus, suivre et imiter Jésus. « *Fac secundum exemplar.*[1] » L'évangile est notre loi. Le Cœur sacerdotal de Jésus est notre modèle, notre idéal, notre tout. Nous en devons reproduire, autant que le permet notre faiblesse, la sainteté, la pureté, le zèle, la générosité.

---

[1] - *Agis selon le modèle.*

Quatrième méditation

**Notre-Seigneur Jésus-Christ
est l'unique prêtre du Père
depuis l'incarnation et pour l'éternité**

Si Notre-Seigneur était le seul prêtre éternel, le seul prêtre figuré par le sacerdoce et les sacrifices de l'Ancien Testament, il est encore plus manifestement depuis l'Incarnation, le seul prêtre véritable, dont les autres prêtres ne sont que l'ombre et les représentants.

Il est seul prêtre, parce que le sacrifice qu'il a offert toute sa vie, qu'il a consommé sur la croix et qu'il continue, sans le réitérer, au ciel et sur l'autel eucharistique, est une action qui a répondu et qui répond à jamais à toutes les fins de l'Incarnation.

I. Le sacrifice de Notre-Seigneur suffit à la gloire de son Père

Quelles sont les fins de l'Incarnation ? du côté de Dieu, *sa gloire,* de notre côté, *notre salut.* Or, le sacrifice de Notre-Seigneur atteint parfaitement et définitivement cette double fin.

La gloire de Dieu, c'est une adoration, une louange, un amour, une action de grâces, une supplication, une expiation, dignes de Dieu, dignes de sa Majesté, de sa Sainteté, de sa Bonté, de sa souveraine justice. Cet honneur, cette satisfaction, Dieu les reçoit pleinement du Cœur sacerdotal de son divin Fils : « Par lui, avec lui et en lui, dit la sainte liturgie, Dieu reçoit tout honneur et toute gloire. »

Le Seigneur lui-même avait annoncé par le prophète Malachie qu'il mettrait toute sa complaisance et trouverait toute satisfaction dans l'unique sacrifice de son Fils : « Mon affection n'est point en vous, dit-il aux Israélites infidèles, et je ne recevrai plus d'offrandes de votre main ; car depuis le lever du soleil jusqu'à son coucher, mon nom est grand parmi les nations, et l'on sacrifie en tout lieu et l'on offre à mon nom une oblation pure. » (I, 10)

« Tout ce que Dieu peut vouloir, exiger, désirer même d'une création, à savoir : la religion, la révérence, la gratitude, l'obéissance, la dilection, il l'a d'abord, et indépendamment de tout, dans son seul Jésus. » (Monseigneur Gay : 2ᵉ élévation sur la vie et la doctrine de Notre-Seigneur Jésus-Christ)

Le sacrifice divin et adorable du Calvaire atteint donc parfaitement la première fin de l'Incarnation qui est la gloire de Dieu ; il l'atteint aussi définitivement.

Après ce divin sacrifice, il n'est plus rien qui puisse ajouter quoi que ce soit à la gloire, à l'honneur et à la satisfaction de Dieu. La créature rachetée devra sans doute être vouée à cette gloire, à cet honneur ; mais elle ne pourra donner satisfaction à Dieu qu'en empruntant à la valeur infinie du sacrifice du Calvaire. Ce qu'elle ferait n'aurait pas de prix sans cela.

Le cœur de Jésus prêtre et victime donne seul et sans mesure à Dieu la gloire qui lui est due.

II. Il suffit à notre salut

Le salut des âmes est la deuxième fin de l'Incarnation. Dieu a voulu unir à sa gloire, cette rédemption, cette réconciliation.

Il est facile de montrer par toute l'Écriture, que c'est bien le sacrifice de Notre-Seigneur, l'offrande de son Cœur sacerdotal qui nous a procuré ce bien. – « Ce n'est pas avec de l'or et de l'argent corruptibles que nous avons été rachetés, mais par le sang de l'Agneau immaculé. » (1 P 1, 18) – « Nous avons été lavés dans ce sang. » (Ap 1, 5) – « Ainsi, le mal que nous avons fait a été pleinement et surabondamment réparé.» (Rm 5, 20) – « Le décret qui était contre nous a été déchiré, quand Jésus-Christ l'a cloué à la croix. » (Col 2, 14) – « C'est le sang de Jésus-Christ qui purifie nos consciences et qui opère toute réconciliation avec Dieu. » (He 9, 14 ; Rm 5, 10) – « C'est par la vertu de son sang que Jésus-Christ est entré au ciel, après avoir accompli une rédemption éternelle. » (Ep 1, 7 ; He 9, 12) – « Tout cela est le fruit de son amour, de son Cœur : *Dilexit nos et lavit nos a peccatis nostris in sanguine suo[1].* » (Ap 1, 5)

Notre rédemption a été parfaite par le sang et le sacrifice du Cœur sacerdotal de Jésus-Christ, et pareillement elle est définitive : « Par une seule oblation, dit saint Paul, Jésus-Christ a rendu parfaits pour toujours ceux qu'il a sanctifiés. » (He 10, 14) Il reste sans doute à nous appliquer les fruits et les mérites de cette oblation et cette application se fait principalement par le sacrifice eucharistique, dont le sacrifice de la croix est l'unique source.

Comme il n'y a de salut qu'en Jésus-Christ, « *Non est in alio aliquo salus[2]* » (Ac 4, 12), il est le seul prêtre, le seul sacrificateur, la seule victime : seul au ciel, où son sacrifice se continue, parce que le Christ ressuscité ne meurt pas (Rm 6, 9) et qu'il n'a besoin ni de successeur, ni de suppléant. Saint Paul nous le représente comme entrant au ciel avec son sang et seul ministre du vrai tabernacle que Dieu a établi. (He 8, 2).

Il est aussi sur la terre le seul vrai prêtre dans l'oblation eucharistique qui se fait chaque jour. Lui seul en effet a le droit et l'autorité, pour offrir

---

[1] - *Il nous a aimés et il nous a lavés de nos péchés dans son sang.*
[2] - *Nulle part il n'y a de salut dans un autre.*

ce sacrifice. Puisque c'est le même sacrifice que celui de la croix, quel autre que Notre-Seigneur peut avoir autorité pour l'offrir ? Puisque la victime est divine, quel autre prêtre serait digne de l'offrir ? Aussi le concile de Trente nous dit que le Christ est le seul qui offre la victime eucharistique par le ministère des prêtres. (Sess. XXII, chapitre II)

III. Notre sacerdoce est une participation de celui du Christ

Ô prêtres, vous n'êtes à l'autel que les ministres et les instruments du Christ, les organes de son Cœur adorable. S'il a voulu se servir de vous, c'est parce que l'Église étant une société visible, il convenait qu'elle eût un sacrifice sensible et qu'elle ne fût pas inférieure en cela à la synagogue. Il a donc plu à la divine Sagesse d'instituer des ministres qui eussent quelque part au sacerdoce de Jésus-Christ pour offrir en union avec lui le sacrifice de l'Église.

Jésus est le prêtre parfait qui a si pleinement glorifié son Père et qui a si fidèlement accompli ce que son Père lui avait donné à faire. (Jn 17, 4) Et vous êtes l'ombre de ce prêtre éternel.

Jésus est le prêtre très saint et très digne, la gloire et la joie de son Père. (Mt 17, 5)

Ô Jésus, quel contraste entre vos perfections et ma misère ! Votre sacrifice est infiniment plus agréable à votre Père que celui d'Abel, de Melchisédech et d'Abraham, non seulement à cause de la victime qui est offerte, mais aussi à cause des dispositions de votre Cœur sacerdotal.

Comme il est saint ! comme il est pur, ce Cœur ! comme il est dévoué, obéissant, aimable ! Et le mien ? hélas ! Comment ose je encore me présenter à l'autel pour offrir une victime si sainte et pour exercer un ministère si auguste !

La confusion me saisit. Je suis pressé de dire comme saint Pierre : Seigneur, éloignez-vous de moi, parce que je ne suis qu'un pécheur.

Ô mon cœur, contemple ton modèle ! Il aime, il adore, il prie, il répare. Il a horreur de toute imperfection. Il est victime de louange, d'amour, de réparation et d'action de grâces en même temps qu'il est prêtre. Considère-le sans cesse, et imite-le autant que ta faiblesse te le permet.

Cinquième méditation

Notre-Seigneur Jésus-Christ est dans toute sa vie et dans tous ses actes prêtre et victime

Comme nous l'avons déjà vu, Notre-Seigneur est venu en ce monde pour y être prêtre et hostie. « Vous n'avez plus voulu, a-t-il dit à son Père, des sacrifices de l'ancienne loi, voici que je viens pour les remplacer. Vous m'avez donné un corps, une vie humaine, je vous les sacrifierai tout entiers. » (He 10, 5)

Ecce venio ! Notre-Seigneur n'est pas seulement prêtre et hostie au calvaire. Il vient à nous comme prêtre et hostie au jour de son Incarnation et il le demeure toujours.

I. Notre-Seigneur est prêtre dès le moment de son Incarnation

L'Incarnation elle-même est un sacrifice d'un prix infini. Mais il a plu à Dieu le Père et à son divin Fils de prolonger ce sacrifice, de le dévelop-per en diverses phases pendant trente-trois an-nées, de le consommer dans l'effusion du sang rédempteur au calvaire, afin de mieux marquer la haine immense de Dieu pour le péché et son amour infini pour nous. C'est bien là le sentiment et l'enseignement de toute l'Église.

« Le Rédempteur, dit S. Grégoire le Grand, offre sans interruption son holocauste pour nous. Il présente constamment à son Père pour nous son Incarnation... et l'existence même de son humanité est un sacrifice perpétuel. » (Moral., Livre I, chapitre 24)

La chose est facile à comprendre : le fait même de l'Incarnation d'un Dieu est une immolation et un sacrifice. Cette humanité, il ne l'a prise que pour la sacrifier. Il l'a prise à l'état de victime : « Vous ne vouliez plus des victimes de l'ancienne loi, vous m'avez donné un corps. » Ce corps, cette vie humaine, le Christ les offre et les consume sans cesse dans le but unique pour lequel il les a pris : il les immole pour la gloire de son Père et le salut des âmes.

Thomassin nous montre dans le caractère même de l'Incarnation un sacrifice incessant. Cette nature humaine est absorbée dans la divinité comme le fer est absorbé par le feu. Elle ne subsiste pas en elle-même. Elle est à jamais consacrée et consumée comme un holocauste dans cette absorption divine. (Thomassin : De l'Incarnation, Chapitre VIII : Que le Christ est prêtre dès sa conception et que l'Incarnation est un sacrifice perpétuel)

II. Il continue et renouvelle sans cesse son oblation et son sacrifice

Tous les instants de la vie de Jésus furent occupés à renouveler et à continuer son oblation et son sacrifice. Ce fut le perpétuel souci de son cœur de prêtre.

« Dès qu'il eut commencé ce grand acte d'oblation, dit Bossuet, il ne discontinua jamais et demeura, dès son enfance et dès le sein de sa Mère, dans l'état de victime. » (Elév. sur les mystères, 13e sem. 7ᵉ élév.)

« Durant tout le temps mystérieux de son silence et de son obscurité au sein de Marie, dit saint Grégoire le Grand, Jésus ne cesse de dire son *Ecce venio,* avec un amour incompréhensible pour la gloire de son Père et un zèle infini pour l'amour de nos âmes. » (Moral., Livre XVII, chapitre 30)

« Quand il parut parmi les hommes, dit saint Denis d'Alexandrie, petit enfant, pauvre, méconnu, il disait dans l'intime de son Cœur sacré : Me voici, prêtre et hostie de mon Père pour le monde coupable – *In ipsa Deipara Rex noster factus est Pontifex et manet in perpetuum. Ex ipsa exivit Verbum, factum Pontifex.*[1] » (Lettre à Paul de Samosate).

---

[1] - *Dans celle qui a engendré Dieu, notre roi est devenu prêtre et l'est resté éternellement. D'elle est sorti le Verbe, devenu prêtre.*

La pensée de son Cœur d'enfant ne se détournait donc jamais de la beauté, de la sainteté, de la justice, de la volonté de son Père. Il voyait tout ce qui lui est dû d'honneur, de louange, d'adoration, de reconnaissance et d'amour, et toute la réparation qu'il fallait offrir pour les créatures coupables afin de les réconcilier avec son Père. Incessamment et sans être jamais détourné de cette science et de cette vision, le Verbe était appliqué aux actes qui pouvaient satisfaire l'honneur et les droits de Dieu et porter secours au monde coupable. C'était toujours la même oblation, le même universel sacrifice de lui-même, qu'il faisait à la divine Majesté : Me voici pour accomplir, ô mon Dieu, votre volonté... Me voici pour l'humiliation, la souffrance, la mort !

Il convenait que l'oblation de ce grand sacrifice fût publique, elle le devint au jour de la Présentation au temple.

Après l'oblation au temple, c'est la fuite en Égypte, le séjour en ce pays idolâtre, puis Nazareth avec ses années de silence de travail, de prière. Le sacrifice ne cesse point. Une seule fois dans le saint Évangile, le silence de la vie cachée est interrompu par une parole du bon Maître, et c'est une parole toute sacerdotale : « Ne saviez-vous pas qu'il faut que je sois appliqué à ce qui est de mon Père ? – *In his quae Patris mei sunt.* » (Lc 2, 49) Saint Paul, définissant plus tard l'office du Pontife, dira aussi : « Il est appliqué à ce qui est de Dieu. – *In his quae sunt ad Deum.* »

III. Les actes de son sacerdoce sont plus manifestes dans sa vie publique et dans sa passion

Mais c'est surtout dans la vie publique et la passion du Sauveur que les prêtres de Jésus-Christ peuvent contempler les manifestations du cœur sacerdotal de leur divin modèle.

Le baptême avec l'humiliation qui l'accompagne, la pénitence au désert avec ses austérités expiatrices sont autant d'actes de la divine victime de réparation. Saint Thomas nous apprend que les anges qui le servent, après la tentation, sont les ministres de son sacerdoce. (3e p. q. 22, a. 1)

Tout de suite après, Jésus se met en rapport avec les hommes ; il annonce le royaume de Dieu, il guérit les malades, il nourrit les foules, il console, il bénit ; il se choisit des disciples et des apôtres ; tout cela, toute cette merveilleuse variété d'actions divines, tant d'actes intérieurs de religion, de charité, d'abnégation : c'est le sacrifice du Rédempteur et son Cœur en est l'autel. Jésus est toujours prêtre et victime. « Il est à lui-même, dit saint Epiphane, son hostie, son sacrifice et son autel. » (Contre les hérésies, liv. II, hér. 51)

Il en est de même et plus manifestement encore quand il accepte les contradictions des Pharisiens, quand il se livre et s'abandonne aux tourments de sa Passion. « *Oblatus est quia ipse voluit.[1]* » (Ps 53, 7) C'est la disposition de son Cœur

---

[1] - *Il fut offert parce qu'il a lui-même voulu.*

qui est invariable. Son Cœur est toujours un cœur sacerdotal. (Saint Epiphane, *loco citato*)

Ô prêtres de Jésus-Christ, soyez toujours prêtres. Que votre cœur s'immole en toutes vos actions pour la gloire de Dieu et le salut des âmes, en union avec le divin Cœur de Jésus.

Sixième méditation

Dans le sacerdoce de Notre-Seigneur il faut surtout considérer son Cœur

C'est par son amour, par son Cœur que Jésus exerce son sacerdoce et qu'il s'immole pour la gloire de son Père et pour notre salut. L'Église nous le rappelle dans la sainte liturgie. Dans l'hymne du temps pascal, *Ad regias Agni dapes*[1], elle nous montre l'Amour-prêtre, ou le Cœur sacerdotal de Jésus offrant le sacrifice rédempteur.

> *Divina cujus Caritas*
> *Sacrum propinat sanguinem,*
> *Almique membra corporis*
> *Amor sacerdos immolat*[2].

C'est la Charité, c'est l'Amour-prêtre, qui a versé le sang et immolé la chair du divin Agneau sur la croix.

---

[1] - *Au banquet royal de l'Agneau*
[2] - *Lui dont la charité divine nous verse à boire un sang sacré, et les membres d'un tendre corps, l'amour pontife les immole*

I. Le sacrifice de Jésus est un sacrifice d'amour

La vie de Jésus a été toute entière un sacrifice d'amour. « Comme il aimait les siens, dit saint Jean, il les aima jusqu'à la fin. » (Jn 13, 1) Il va au-devant de ses ennemis à Jérusalem, il se livre par conséquent à ses persécuteurs et à ses bourreaux. « C'est, dit-il, pour que le monde soit témoin de l'amour que j'ai pour mon Père. » (Jn 14, 31)

Saint Paul nous montre aussi la source du sacrifice rédempteur dans l'amour, dans le Cœur du Christ. « Il m'a aimé et il s'est livré pour moi. » (Ga 2, 20)

Notre-Seigneur dit lui-même : « La plus grande marque d'amour, n'est-ce pas de donner sa vie pour ses amis ? » (Jn 15, 13) « N'étions-nous pas morts spirituellement par nos péchés ? dit encore saint Paul ; c'est par son immense charité qu'il nous a rendu la vie. *Propter nimiam caritatem suam.* » (Ep 2, 4)

II. Le Cœur sacerdotal de Jésus offre à son Père un sacrifice parfait

Le Cœur sacerdotal de Jésus est l'organe d'un culte parfait d'amour, d'adoration, de reconnaissance, de réparation et de prière à Dieu le Père. La louange infinie que le Verbe est en personne dans l'éternité, il l'a transportée dans le monde. A cette louange éternelle s'ajoutent l'adoration, la reconnaissance, la prière de l'humanité qu'il s'est hypostatiquement unie. Le Verbe incarné est le prêtre de Dieu sur la terre.

Mais, ô Jésus, votre amour a voulu davantage, il a voulu louer, adorer, remercier, prier le Père par l'immolation. Le monde, immolé devant Dieu, serait une confession et une louange bien éloquente de ses perfections, mais vous avez pensé que ce n'était rien. Vous vous êtes dit, dans votre sagesse et dans votre amour infinis : « Il faut que ce soit un Dieu qui adore, prie et aime un Dieu ; et il faut qu'il l'adore, qu'il le prie et qu'il l'aime en s'immolant, en versant son sang, en mourant. Il n'y a point de témoignage plus expressif de l'amour que le sacrifice. »

Et ce n'est pas seulement par amour pour son Père que le divin Prêtre a voulu s'immoler, c'est aussi par amour pour les hommes.

Oserai-je, ô Jésus, interpréter ici votre pensée ? Vous vous êtes dit de toute éternité :

« Si moi, la Vérité infinie, moi, le Verbe, j'affirmais aux hommes pécheurs que je les aime d'un amour immense ; si je leur affirmais que leur âme, appelée à la joie divine et éternelle est d'un prix inestimable ; si je leur disais combien le ciel est ravissant, combien l'enfer est affreux, ils ne me croiraient pas, ils ne croiraient pas à mon amour.

« Si je leur disais ces choses en m'incarnant, en vivant parmi eux dans la puissance et la richesse, la joie et la gloire, et en les instruisant moi-même, dans leur langage, de ces vérités, ils n'en seraient point encore touchés. En vain, je leur affirmerais mon amour par la Création, par l'Incarnation, par l'Évangile, ils n'y répondraient pas.

« Je leur dirai donc que je les aime, dans un langage qu'ils ne pourront pas ne pas entendre, qui touchera et enlèvera leurs cœurs. Après avoir vécu dans l'infirmité, les travaux, l'obscurité, les souffrances, je mourrai sur la croix pour eux, moi, le Fils de Dieu. Pour eux, je multiplierai par toute la terre et j'éterniserai mon sacrifice ; alors ils croiront que je les aime. »

Et voilà pourquoi le Cœur de Jésus n'a pas voulu exercer seulement un sacerdoce pacifique dans la louange et l'action de grâces, mais un sacerdoce complet dans l'immolation de lui-même, comme hostie d'amour et de réparation (Sauvé : Jésus intime).

III. Ce sacrifice d'amour est incessant et perpétuel

Nous comprendrons mieux encore l'amour du Cœur sacerdotal de Jésus pour nous, en remarquant combien son sacrifice est spontané, continu, universel.

Inutile de discuter si l'ordre de Dieu le Père a précédé l'acceptation du Fils. Ces deux actes sont plutôt simultanés. Les diverses personnes de la Sainte Trinité désiraient également le but à obtenir, qui était la gloire divine à réparer et le salut des hommes. Dieu le Père demandait le sacrifice de son Fils et le Fils s'offrait à son Père. Notre-Seigneur dit à son Père : « Vous n'avez plus voulu des sacrifices de l'Ancienne Loi, vous m'avez donné un corps, et moi j'ai dit : Me voici pour faire votre volonté. » (He 10, 5)

Le cœur humain de Jésus entra immédiatement dans toutes les dispositions du Verbe, il acquiesça à toutes les humiliations, à toutes les souffrances, à la mort de la croix. Immenses devaient être ces souffrances, mais l'amour dont il était enflammé était si grand qu'il les débordait de bien loin.

Cette oblation faite par Jésus dès le premier instant, ce désir du sacrifice pour l'honneur de son Père et pour notre amour, cette attitude de prêtre et de victime n'a jamais cessé un instant.

Victime désignée, il ne vivait plus que pour mourir. Il est dans la crèche en attendant le Calvaire. Dans les bras de sa Mère, il aspire avec d'ardents désirs vers le jour où il sera cloué sur ceux de la croix.

La pensée de son sacrifice ne le quitte ni pendant son travail, ni pendant son sommeil. Au Thabor, il s'en entretient avec Moïse et Elie. C'est la disposition constante de son Cœur, et il tient tellement à ce caractère de prêtre et à cette attitude de victime, qu'il les conservera dans l'Eucharistie et dans le ciel, où les saints l'adorent comme un Agneau immolé.

Il est Prophète, il est Pasteur, il est Maître, il est Thaumaturge, mais par-dessus tout, il est Prêtre et Victime. C'est le sens de son *Ecce venio*[1]. Il faudrait que ce fût aussi la disposition de tout prêtre de la loi nouvelle.

Ô mes frères dans le sacerdoce, excitons dans nos cœurs un amour de Jésus assez intense pour être prêts à nous sacrifier pour lui et pour les âmes.

---

[1] - *Voici, je viens.*

Septième méditation

Préparation du sacerdoce de Jésus-Christ : la famille du sauveur et son enfance

« Jésus grandissait en âge, en sagesse et en grâce. » (Lc 2, 52)

Il a voulu cet accroissement apparent, et même réel en ce qui concerne la science expérimentale. C'était pour passer par toutes nos faiblesses, sauf le péché, et pour nous donner l'exemple dans tous les états de la vie.

Pour la même raison, il a voulu qu'il y eût une sorte de préparation de son sacerdoce, dans laquelle nous trouvons des enseignements et des encouragements précieux.

I. Jésus a voulu que son sacerdoce eût une préparation apparente

Jésus est toujours prêtre : « *Tu es sacerdos in aeternum*[1]. » Dès l'instant de sa conception, il est prêtre. Il rend en son cœur à son Père tous les

---

[1] - *Toi, tu es prêtre à jamais.*

devoirs et tous les hommages de l'adoration, de l'amour, de la reconnaissance, de la réparation, de la prière.

Un seul instant de vie humaine, l'humiliation de l'Incarnation lui suffirait pour satisfaire à son Père. Mais il n'est pas seulement prêtre pour son Père, il l'est pour nous, prêtres et fidèles, et, pour que nous comprenions bien tous les caractères de son sacerdoce, il veut le développer sous nos yeux pendant trente-trois années. Il veut passer par toutes les phases d'une vie sacerdotale : préparation, ministère public, consommation dans le sacrifice.

C'est surtout pour nous prêtres, qu'il a voulu cela, et pour nous fournir l'exemplaire de la vie sacerdotale. Si le divin Cœur a aimé tous les hommes, n'a-t-il pas aimé particulièrement ses apôtres ? « Vous, leur dit-il, vous n'êtes pas seulement mes serviteurs, mais vous êtes mes amis. »

II. Sa famille

La vocation sacerdotale est souvent préparée par de pieux ancêtres. Il y a souvent parmi les causes déterminantes de notre vocation les exemples, les prières, les mérites d'une mère, d'une aïeule ou d'autres parents.

Ne voyons-nous pas aussi, comme prélude à *l'Ecce Venio*[1] de Jésus, *l'Ecce Ancilla*[2] de Marie, et la vie sainte et pure de la Vierge immaculée, l'humilité de Joseph, père adoptif du Sauveur, la dignité de vie de sainte Anne et de saint Joachim ?

Jésus veut que nous gardions le souvenir de ces saintes préparations. Saint Paul dit à Timothée : « Souviens-toi de la foi de ton aïeule et de ta mère. » (2 Tm 1, 5)

Souvent aussi, il y eut dans les générations précédentes de la famille du prêtre, d'autres vocations de prêtres, de religieux, de religieuses. Jésus, par Marie, descendait à la fois de la famille de Judas et de la tribu de Lévi.

Assez souvent les pieux ancêtres du prêtre ont passé par des épreuves. Les grâces s'achètent. Sainte Anne et saint Joachim ont été méprisés. Marie et Joseph ont vécu dans la pauvreté.

Si nous reconnaissons la touche divine à l'origine de notre vocation, exprimons notre reconnaissance au divin Cœur de Jésus.

III. Son enfance

Le sacerdoce est ordinairement préparé par une enfance pieuse. La sainte enfance de Jésus est

---

[1] - *Voici que je viens.*
[2] - *Voici la servante.*

le modèle de nos petits clercs, de nos séminaristes.

Pour mettre ce modèle sous nos yeux, Jésus se complaît à manifester extérieurement des accroissements apparents de grâce et de vertu. « Jésus, dit saint Luc, grandissait en sagesse et en grâce devant Dieu et devant les hommes, en même temps qu'il avançait en âge. » (Lc 2, 52) S'accommodant à la faiblesse humaine, il priait et pratiquait la vertu, en enfant d'abord, puis en adolescent, puis en homme.

Il obéissait surtout, c'est le cachet de sa vie pendant trente ans. Il aidait ses parents dans les travaux de la maison.

Il allait avec eux à la synagogue et au Temple. Il y remplissait sans doute les petites fonctions que l'on confiait aux enfants. Il y observait les coutumes liturgiques. (Lc 2, 42)

Revenons par la pensée vers notre enfance. Remercions Dieu des grâces reçues et demandons-lui pardon des défaillances qui nous ont échappé.

Quelles étaient les dispositions du Cœur de Jésus pendant son enfance et sa jeunesse ? Elles étaient déjà toutes sacerdotales. Il offrait sans cesse un sacrifice parfait à son Père. Mais d'après l'économie qu'il avait adoptée, nous pouvons penser qu'il se regardait seulement comme un prêtre en préparation. Il croissait en grâce, il grandissait en sagesse ; il renouvelait sans cesse ses aspirations vers le temps où il exercerait son ministère public, vers le temps où il offrirait la messe du Cénacle et la messe du Calvaire. « J'ai désiré manger cette pâque avec vous. »

Que de leçons pour le jeune clerc, et pour le prêtre qui a la mission de préparer des enfants et des jeunes gens au sacerdoce !

Obéissance, étude, piété, tel est le programme de cette longue préparation !

Pendant ses longues années de Nazareth, Jésus a pensé aux jeunes clercs de tous les temps, il les bénissait, il priait, il se sanctifiait pour eux. Quel intérêt portons-nous aux jeunes clercs ? Quels sacrifices faisons nous pour eux?

Ô Jésus, vous avez vécu pour moi et préparé toutes les grâces de mon enfance et de ma jeunesse.

Pardon pour tous les abus que j'ai faits de vos dons ! Merci pour tous les profits spirituels que j'ai pu en tirer !

Huitième méditation

Jésus au temple : les études

Jésus n'a pas voulu paraître se désintéresser des occupations de notre adolescence et des études par lesquelles nous nous préparons au sacerdoce.

Il a voulu entendre les enseignements des rabbins, pour nous mériter des grâces dans nos études et pour jeter quelques lumières sur le soin que nous y devons donner.

I. Jésus adolescent a voulu nous encourager à l'étude

C'est dans le mystère de son séjour au temple que Jésus adolescent nous manifeste l'ardeur de son Cœur pour les études.

Très probablement, Jésus enfant à Nazareth a fréquenté l'école qui était partout jointe à la synagogue. On y apprenait la lecture, l'histoire du peuple et la religion, et c'est la Bible qui suffisait à tout.

Jésus croissait en sagesse devant les hommes, dit l'Évangile. Il voulait donc étudier avec eux, manifester chaque jour davantage sa science, étonner ses condisciples et ses maîtres par sa mystérieuse intelligence.

Quand les enfants âgés de douze ans allaient au temple pour prendre part à la pâque une première fois, devaient-ils faire preuve d'une connaissance suffisante de la loi ? En tout cas, Jésus le fit. Il comparut devant les docteurs pour mériter des grâces à toutes nos études et à tous nos examens. Il écoutait, il questionnait, il émerveillait ses maîtres. On l'interrogeait et il étonnait les rabbins par la prudence de ses réponses.

II. Il écoutait et il interrogeait

Audientem et interrogantem[1] *:* il écoutait les leçons et demandait des explications. C'est bien l'étudiant divin que nous avons devant nous. Il prélude à sa vocation et à sa mission de prophète et de messie.

C'est ainsi que sur les bancs des séminaires et des universités nous nous sommes préparés à notre mission. Jésus est notre aîné, notre modèle.

Le cœur du jeune adolescent de Jérusalem débordait d'amour pour tous les étudiants qui se préparaient au sacerdoce. Il modelait là les cœurs

---

[1] *- Ecoutant et interrogeant.*

des Louis de Gonzague, des Jean Berchmans ; il nous préparait à tous des grâces de choix.

Audientem et interrogantem : écouter et chercher à comprendre, c'est tout le programme. Jésus veut bien écouter humblement les enseignements imparfaits des rabbins, quelle leçon d'humilité, de docilité, de régularité !

Il interroge comme pour chercher à comprendre. Il n'en a pas besoin, mais c'est pour nous en donner l'exemple, à nous qui en avons besoin. Quelle leçon de travail, de zèle et d'application !

Tout le séminariste est dans ces deux mots : *audientem et interrogantem.* Étudier humblement et courageusement, et cela au temple, c'est-à-dire avec l'alternative de la prière.

III. Nos études

Voyons un peu quels caractères Jésus veut que revêtent nos études. Il nous le dira, soit au Temple, soit plus tard.

Il veut qu'elles soient *continues.*

Sa science grandit, non pas sa science divine et surnaturelle, mais la science expérimentale, acquise par l'exercice de ses facultés naturelles. « L'intellect agit successivement, dit saint Thomas, et dans cette science (successive et expérimentale) Jésus n'a pas tout su dès le commencement, mais peu à peu en avançant en âge, ce qui fait que l'Évangile nous dit qu'il croissait en science et en âge. » (Somme, p. III, q. XII, art. 2).

Jésus lisait, réfléchissait et croissait en science. Il l'a voulu ainsi pour nous montrer la voie.

Il manifeste toujours plus de science. « Il enseignait dans leurs synagogues, dit saint Mathieu, ils étaient émerveillés et ils disaient : D'où lui vient cette science ? N'est-il pas ouvrier et fils d'ouvrier ? » (Mt 13, 55)

« Les auditeurs, dit saint Marc, admiraient sa doctrine et disaient : D'où lui vient cette sagesse, n'est-il pas le fils de Marie ? » (Mc 6, 2) Il veut que ses prêtres étudient toujours. Il enseignait ses apôtres en particulier et leur donnait le goût de l'étude. Saint Paul, formé à part et après les autres, a le même idéal pour le prêtre : « Garde-toi, dit-il à Timothée, de négliger la lecture et la doctrine. » (1 Tm 4, 13)

Non seulement Jésus a voulu nous donner l'exemple d'un accroissement continu de science, mais il nous a aussi fait comprendre que notre science doit être guidée par la prudence et l'à-propos.

Les docteurs du Temple admirent la prudence de leur jeune auditeur de 12 ans. Quant à l'à-propos, voyez par exemple Jésus à la synagogue de Nazareth, où il allait tous les samedis : on lui passe le livre d'Isaïe, il le déroule et cherche le passage qui annonce sa mission. (Lc 4, 16)

Pour que notre science soit toujours pruden-
te, évitons les doctrines risquées, les nouveautés
dangereuses. Pour que notre science soit pleine
d'à-propos, étudions tout ce qui peut être utile à
notre mission, suivant les temps et les lieux où
nous devons exercer notre ministère...

Neuvième méditation

Les retraites sacerdotales

Jésus aimait trop ses prêtres et ses clercs pour ne pas leur préparer aussi des mérites et leur laisser des exemples pour les jours précieux de leurs retraites et de leurs ordinations.

Il s'est préparé à sa vie publique, comme nous nous préparons au sacerdoce et au ministère apostolique.

C'est une joie et une grâce pour nous de trouver encore là ses exemples et les marques de son amour.

I. La préparation sacerdotale

Quelle grande part d'action ont les retraites dans notre vie sacerdotale !

Il y a les retraites d'ordination, les retraites annuelles, les retraites mensuelles.

Le cœur sacerdotal de Jésus s'est-il astreint à ces retraites ? Certainement, au moins d'une manière équivalente.

Il n'y a pas d'ordination spéciale du Sauveur au Sacerdoce. Il a reçu l'onction du Saint-Esprit avec l'union hypostatique, c'est-à-dire au moment même de son Incarnation. Dès ce moment-là, il est prêtre pour toujours. Mais il a plu à son Père de confirmer et de manifester cette onction au moment où le Sauveur allait commencer sa vie publique. Au bord du Jourdain, quand Notre-Seigneur reçoit le baptême de Jean-Baptiste, le Saint-Esprit repose sur sa tête et confirme en lui la grâce de Messie et de prêtre, et Dieu le Père nous manifeste sa mission en nous disant : « C'est là mon Fils bien-aimé. »

Saint Pierre nous reporte à ce mystère, quand il expose en ses premières prédications la mission de Jésus. Il prend la vie de Jésus au baptême de Jean et il nous rappelle comment Dieu le Père lui a donné l'onction de l'Esprit saint : « *Quomodo unxit eum spiritu et virtute[1].* » (Ac 10, 38)

Il y a là quelque analogie avec nos ordinations. Le Sauveur a placé sa longue retraite à côté de cette onction spéciale de l'Esprit saint, comme pour se préparer à sa vie publique.

La vie du Sauveur est donc bien comme la manne, qui satisfait à tous les goûts et à tous les besoins. Le prêtre doit trouver dans l'Évangile le modèle de la vie sacerdotale. Le cœur du prêtre doit se modeler sur le Cœur sacerdotal de Jésus.

---

[1] *- Comment il l'a oint de l'Esprit et de la force.*

Quel beau sujet de méditation pour les ordinands et pour les prêtres que cette scène du Jourdain : la colombe divine confirmant l'onction sacerdotale de Jésus, et Dieu le Père promulguant cette onction par ces mots : « C'est là mon Fils bien-aimé ! »

II. La grande retraite

Nous avons plusieurs retraites d'ordination, Jésus s'est préparé à sa vie publique par une seule retraite, mais combien longue, austère, surhumaine ! Il s'est retiré au désert, dans un creux de rocher et là il a prié, veillé et jeûné pendant quarante jours et quarante nuits.

Il a choisi les rochers de Jéricho. Il avait sous les yeux la vallée du Jourdain, ce fleuve, qui sort d'une source pure et qui descend vers les eaux maudites et nauséabondes de la Mer morte, sur l'emplacement de Sodome et de Gomorrhe. Jésus contemplait ce grand symbole de l'humanité coupable, qui descendait vers les gouffres du péché et de la damnation.

Et cette pensée cruelle de la désobéissance des hommes et de l'outrage fait à son Père lui ôtait jusqu'à l'appétit de manger et de boire.

Oh ! les dures journées ! oh ! les larmes qu'elles ont dû coûter ! Reprochons-nous la tiédeur de nos retraites et l'insensibilité de nos cœurs.

Et après cette longue agonie, le Christ eut faim ! Il eut faim de froment sans doute, mais combien plus il eut faim des âmes ! C'est pourquoi il commença ses prédications, et le choix de ses apôtres et l'organisation de son Église.

Avons-nous eu toujours la faim ardente des âmes après nos retraites ?

III. L'esprit de recueillement

Et Jésus resta l'homme des retraites, comme doit être le prêtre. Il se prête au monde, il agit, il parle, il guérit, il console, il se fait tout à tous ; mais, cela fait, la solitude reprend ses droits. Il s'isole. « Il se retira, lui seul, sur la montagne », disent plusieurs fois les évangélistes. Des jours entiers et des séries de jours, on le cherche et on ne le trouve point. C'est le désert, c'est la montagne qui l'ont ravi. Il est là-bas, dans quelque retraite ombreuse, au pied d'un séculaire platane ou d'un fécond olivier, ou dans une grotte ouvrant vers le plein ciel, comme on en trouve à chaque pas en Palestine et là il converse avec son Père.

Évidemment, il faut le redire, cette âme unie à la divinité portait partout avec elle sa solitude, même au milieu du travail et du bruit ; mais Jésus cherchait le recueillement visible, pour l'instruction des siens et pour la nôtre.

Il faut savoir nous recueillir, nous aussi. Quelles que soient nos sollicitudes, il faut nous faire une vie intérieure, où le tracas des affaires n'entre point ou bien ne pénètre que pour servir l'élan de l'âme.

Les œuvres du dehors, c'est bien ; mais à une condition, c'est qu'elles partent d'un fond qui leur donne valeur aux yeux du Maître. Qu'est-ce que nos œuvres en elles-mêmes, si elles ne sont pas les œuvres de Dieu ?

Il faut nourrir notre âme de la vie divine ; et pour cela, la solitude et le recueillement s'imposent.

La solitude appelle Dieu, elle ouvre le cœur aux grandes pensées. Pénétrer notre vie intérieure de l'esprit du Christ, c'est y introduire la lumière et la paix ; c'est lui donner la sérénité divine, la sécurité de l'homme assuré de sa voie et qui aperçoit au bout la récompense, le ciel.

Dixième méditation

Le cœur sacerdotal de Jésus et la prédication

Nazareth a été une longue préparation. Le moment est venu où Jésus va travailler à restaurer l'humanité.

Il fallait rappeler la vérité dans les esprits, donc enseigner ; lutter contre l'empire du péché, donc exhorter ; gagner les cœurs et les rattacher à Dieu par un lien d'amour, donc révéler aux hommes cet amour, leur faire connaître le Père céleste et son envoyé, leur inspirer confiance dans la bonté divine.

I. Il faut convaincre les esprits

Il fallait enseigner d'abord, et le premier enseignement à donner pour Notre-Seigneur était d'établir sa mission divine :

A peine est-il sorti de sa grande retraite, qu'il va à travers toute la Galilée et qu'il prêche dans toutes les synagogues l'accomplissement des prophéties et la venue du règne de Dieu : « *Circuibat totam Galilaeam, docens in synagogis eorum et praedicans evangelium regni.* » (Mt 4, 23)

Saint Mathieu nous dit cela au chapitre quatrième de son Evangile et il répète au neuvième : Jésus parcourait les villes et les bourgades, prêchant dans les synagogues, annonçant la venue du Messie et prouvant sa mission par ses miracles.

Ce sera aussi le premier but de notre prédication : convaincre les esprits, les gagner à la vérité en prouvant la mission divine du Christ par ses miracles, par sa résurrection, par la sainteté de son Église.

Tout en prêchant les foules, Jésus pensait à nous, à ses prêtres. Voyant l'abandon où se trouvaient les foules, ajoute saint Mathieu, Jésus disait : « Quelle moisson il y a à faire ! mais les ouvriers manquent. Demandons-les à mon Père. » Et il priait pour notre vocation et pour notre ministère.

II. Déterminer les volontés

Convaincre les esprits n'est pas tout, il faut déterminer les volontés à embrasser une vie sainte.

Jésus expose la sainteté de vie, la perfection chrétienne au sermon sur la montagne.

« Bienheureux ceux qui ont l'esprit de pauvreté, de douceur, de pénitence, etc.

« Il faut aimer notre prochain comme nous-mêmes, prier avec ferveur, fuir le monde et ses maximes et marcher par la voie étroite du sacrifice. » Il nous en coûtera de la peine. Le royaume des cieux souffre violence. Tantôt Jésus nous encourage par l'appât des récompenses : « Le royaume des cieux est un trésor qu'il faut conquérir, une perle qu'il faut acheter à tout prix. »

Tantôt il nous soutient par la crainte des châtiments : « Le mauvais grain sera brûlé au moment de la moisson ; – les mauvais poissons pris au filet seront rejetés à la mer ; – l'invité aux noces qui n'aura pas la robe nuptiale ne sera pas admis ; – les vierges folles trouveront les portes fermées ; – le serviteur qui n'aura pas fait fructifier son talent sera jeté dans les ténèbres extérieures. »

Ou bien Notre-Seigneur décrit minutieusement le jugement dernier, dont la destruction de Jérusalem ne sera que le prélude.

Voilà un fond solide de prédication : la sainteté de la morale à pratiquer, le ciel pour ceux qui sont fidèles, l'enfer pour les mauvais serviteurs.

Et Notre-Seigneur donnait une invincible autorité à ses enseignements par la sainteté de sa vie, par le charme de sa parole, par l'onction de la grâce dont il était pénétré.

Où en est notre prédication ? A-t-elle un fond sérieux ? Fait-elle assez valoir les grands motifs de l'espérance et de la crainte ? Est-elle appuyée par la sainteté de notre vie ? Sommes-nous assez unis à Dieu par la vie intérieure pour que cela se manifeste dans tout notre être et dans toutes nos paroles ?

III. Toucher les cœurs

Instruire et exhorter ne suffisaient pas ; il fallait encore gagner les cœurs et rattacher les hommes à Dieu par un lien d'amour. C'était là l'œuvre propre du Cœur sacerdotal de Jésus.

Il est vrai que Jésus avait pour lui le charme de sa personne et sa beauté divine. Il semait les miracles et répandait les bienfaits. Mais aussi, il exposait souvent toute la bonté de Dieu dans le mystère de la Rédemption et c'est cela que nous pouvons imiter.

Tout l'enseignement de Jésus se résume dans le mot *Évangile* qui signifie « la bonne nouvelle » ; il prêche l'évangile du royaume, c'est-à-dire l'heureuse nouvelle du salut par la rédemption, et tous les bienfaits de la miséricorde divine.

Saint Jean a mieux retenu que les autres ces appels du Cœur sacerdotal de Jésus. Il les redit plusieurs fois.

« Dieu a tant aimé le monde, qu'il a envoyé son Fils unique pour le sauver. » (Jn 3, 16)

« Comme mon Père m'a aimé, je vous aime ; demeurez dans notre amour. » (Jn 15, 9)

Comme Notre-Seigneur l'a dit lui-même, c'est son Cœur qui parlait par sa bouche. « *Ex abundantia cordis os loquitur[1].* » (Mt 12, 34) ; et son Cœur gagnait tous les cœurs.

A nous de montrer aussi comment la bonté divine éclate dans les mystères de l'Incarnation et de la Rédemption. C'est là prêcher le Sacré-Cœur.

C'était la force de saint Paul. Que de fois il répète : « Le Christ m'a aimé jusqu'à se livrer pour moi ! » (Ga 2, 20)

Prêchons le Sacré-Cœur et nous gagnerons les âmes à Jésus-Christ.

---

[1] - *La bouche parle de l'abondance du cœur.*

Onzième méditation

Le cœur sacerdotal de Jésus et la perfection

Le bon Maître n'enseigne pas seulement le chemin du ciel par la fuite du péché et la pratique des vertus communes, il veut conduire les âmes d'élite à la perfection de l'amour. Comment ne voudrait-il pas y conduire ses prêtres?

« Si quelqu'un, dit-il, veut être de mes amis intimes, qu'il se renonce à soi-même, qu'il prenne sa croix et qu'il me suive. » (Mt 16, 24)

« Si vous voulez être parfait, allez, vendez tous vos biens, donnez-les aux pauvres et suivez-moi. » (Mt 19, 21)

Le lien de la perfection, c'est la charité. (Col 3, 14)

I. La perfection consiste à aimer Dieu de tout son cœur

La perfection consiste à nous oublier nous-même et à vivre tout entier pour Dieu, pour son amour et pour son service.

La perfection est proposée à tous. Elle convient particulièrement au prêtre, qui a des relations si élevées avec l'eucharistie, avec les âmes. L'évêque, dit saint Thomas, doit avoir la perfection acquise, parce qu'il doit lui-même former des âmes parfaites. (2a 2ae q. 185, art. 8) Pour le prêtre, il y a au moins une convenance qu'il soit parfait, à cause des actes sacrés qu'il accomplit, car, s'il les veut dignement accomplir, il faut qu'il ait la perfection intérieure. (S. Denys, De la hiérarchie eccl. 8)

Dieu d'abord, Dieu aimé et servi avant tout : c'est la perfection. Tout pour Dieu, comme il le veut, quand il le veut.

« Quelque chose que vous fassiez, en paroles ou en œuvres, dit saint Paul, faites tout au nom du Seigneur Jésus, rendant gloire pour lui à Dieu le Père. » (Col 3, 17)

« Ainsi, soit que vous mangiez, soit que vous buviez, soit que vous fassiez autre chose, faites tout pour la gloire de Dieu. » (1 Co 10, 31) L'état de perfection est acquis quand nous avons mis notre âme dans la disposition et l'habitude de chercher Dieu d'abord et en toutes choses. Pour moi, disait saint François de Sales, je ne connais pas d'autre perfection que d'aimer Dieu de tout son cœur. Et si nous aimons véritablement Dieu, nous tâchons de procurer sa gloire en y rapportant tout notre être et toutes nos actions et nous faisons tous nos efforts pour porter le prochain à son service et à son amour (L'Esprit de saint François de Sales, livre 1, chapitre 25 et 27).

II. Le prêtre et la perfection

Le Cœur sacerdotal de Jésus offrait à son Père des hommages et des sacrifices parfaits, comment ne voudrait-il pas que ses continuateurs, les prêtres de la nouvelle loi s'efforcent de faire de même ?

Le prêtre vraiment pieux éprouve une grande jouissance à connaître, à étudier, à approfondir les lois de son état. Il sait si bien que le Cœur de Jésus le veut parfait dans la mesure du possible.

Les lois liturgiques et son règlement de piété lui apprennent à louer Dieu parfaitement.

Les lois disciplinaires et les règles pastorales lui apprennent à se sacrifier et à se dévouer pour les âmes.

Le saint office bien dit, la sainte messe bien célébrée, c'est la perfection de la louange telle que Notre-Seigneur l'attend du prêtre.

La vie modeste avec l'observance des lois et statuts ecclésiastiques, c'est l'abnégation de soi-même, c'est le service de Dieu et des âmes réglé par l'Église qui continue la mission du Sauveur.

Le prêtre pieux et fidèle pratique la perfection dans une grande mesure, sans y être lié par des vœux comme le religieux.

A certaines époques, de saints évêques, comme saint Augustin, saint Ambroise, saint Eusèbe de Verceil ont même donné à leurs prêtres la vie commune et la règle de l'obéissance et de la pauvreté à l'exemple de la vie religieuse.

Ou bien des groupements ecclésiastiques, encouragés par l'Église, ont adopté la vie commune avec une partie des observances religieuses.

III. Le religieux et la perfection

Mais il était dans le dessein de Notre-Seigneur que les conseils de perfection aient toujours dans l'Église une réalisation positive et concrète, spécialement parmi les prêtres, dans des instituts religieux de toutes formes.

Notre-Seigneur aime les deux formes de vie sacerdotale, la vie séculière et la vie régulière. Il inspire à chacun une vocation propre.

Le vrai et saint religieux pratique la perfection selon la règle. Il sait que pour lui sa règle est la forme de sa perfection et le secours pour l'atteindre.

C'est pour lui la plus fidèle et la plus complète expression du devoir. Sa règle le détache des créatures par les vœux, par la vie conventuelle, par les pénitences usuelles ; elle le rattache à Dieu par les exercices prescrits, qui lui indiquent la forme de la louange et de l'amour dus à Dieu. Sa règle suffit à sa piété, elle contient pour lui toute la volonté de Dieu, elle le forme à la perfection.

En suivant sa règle, il suit Notre-Seigneur.

Notre-Seigneur l'accompagne et marche avec lui. C'est là qu'il veut l'entretenir, à l'oraison, au saint office, aux exercices faits suivant la règle, soit à la cellule, soit au chœur.

Les dévotions privées ne seraient pas exemptes pour lui de recherche de soi-même.

Sa règle est son idéal de perfection. C'est là que Jésus lui dit : Suis-moi et viens avec moi.

Ô prêtre, ne voudrais-tu pas aimer Dieu de tout ton cœur ? Ne t'a-t-il pas assez aimé ?

Ne t'a-t-il pas fait son ami, pendant que les autres restaient ses serviteurs ?

Dieu disait dans Isaïe : « Qu'aurais-je pu faire de plus pour mon peuple privilégié, pour ma vigne choisie ? »

Jésus ne peut-il pas dire : Qu'aurais-je pu faire de plus pour mes prêtres, que j'admets chaque matin dans mon intimité et à qui j'ai donné des pouvoirs si merveilleux ?

Douzième méditation

Le cœur sacerdotal de Jésus et les pécheurs :
les paraboles

Le prêtre se trouve en face des pécheurs soit en chaire, soit au confessionnal. Le Cœur sacerdotal de Jésus lui a donné l'exemple pour l'un et l'autre de ces ministères.

Comment parlera-t-il au pécheur en chaire ?

Il a effrayé le pécheur par la crainte du jugement et de l'enfer, il s'efforcera de le gagner par des encouragements à la confiance, en redisant et en commentant les touchantes paraboles du bon Pasteur, de l'Enfant prodigue, de la drachme perdue.

I. Le bon Pasteur et la brebis perdue

Redisons ici ces paraboles, méditons-les, pénétrons-nous de leur esprit. C'est le Cœur sacerdotal de Jésus qui parle.

Voici d'abord la *brebis égarée*. « Qui d'entre vous, s'il a cent brebis et qu'il en perde une, ne laisse les quatre-vingt dix-neuf autres et ne cherche celle qu'il a perdue, jusqu'à ce qu'il la retrouve ?

« Et lorsqu'il l'a trouvée, il la met sur ses épaules, plein de joie. Et venant à sa demeure, il assemble ses amis et ses voisins, leur disant : Réjouissez-vous avec moi, parce que j'ai retrouvé ma brebis qui était perdue. »

« Je vous dis qu'ainsi il y aura plus de joie au ciel pour un pécheur qui fait pénitence que pour quatre-vingt dix-neuf justes, qui n'en ont pas besoin. » (Mt 18, 12-14)

Cette parabole est tombée du Cœur de Jésus ! Comme il aime les pécheurs. Comme il les encourage !

Quel exemple pour le prêtre ! Comme il doit chercher la brebis égarée, aller à elle avec bonté et la gagner par ses avances !

II. La drachme perdue

La parabole de la drachme perdue est comme une variante de la précédente. Notre-Seigneur tenait tant à nous faire connaître sa bonté pour les pécheurs qu'il n'a pas jugé superflu de la présenter sous plusieurs formes.

« Quelle est la femme qui, ayant dix drachmes, si elle en perd une, n'allume sa lampe, ne balaie sa maison, et ne cherche avec soin jusqu'à ce qu'elle la trouve ? Et après l'avoir retrouvée, elle assemble ses amies et ses voisines en disant :

Réjouissez-vous, car j'ai retrouvé la drachme que j'avais perdue.

« Ainsi, je vous dis qu'il y aura une grande joie parmi les anges de Dieu, pour un seul pécheur qui fera pénitence. » (Lc 15, 8-10)

Quelle simplicité et quelle bonté du divin Maître ! Il se compare à cette pauvre femme qui a perdu sa drachme ! Il nous déclare qu'il se réjouit avec ses anges, quand nous nous convertissons !

Que de leçons dans ces paraboles ! Le bon Maître n'est pas dur pour les pécheurs dans ses prédications. Il ne veut pas les irriter, les décourager. Il ne veut pas éteindre la mèche qui fume encore. Quel contraste avec certains pasteurs de notre temps !

Isaïe avait décrit ce caractère du Sauveur : « Voici mon fils bien-aimé. Je lui donnerai mon esprit. Il annoncera aux peuples le jugement de Dieu, mais sans cris, sans clameurs, sans récriminations. Il ne brisera pas le roseau incliné et n'éteindra pas le lin qui fume encore. Les peuples auront confiance en lui. » (Is 17, 2 et Mt 12, 18)

III. L'enfant prodigue

Voici enfin le triomphe du Cœur de Jésus, son chef-d'œuvre oratoire, la parabole de *l'enfant prodigue.*

Que d'âmes cette page de l'Évangile a ramenées à Dieu ! C'est cette parabole qui donne à nos prédications de retraites leur plus grande efficacité.

C'est un jeune homme qui dissipe sa dot. Il est réduit pour vivre à garder un troupeau de pourceaux. Et alors il commence à regretter la maison paternelle. Mais comment y retourner, quel accueil lui fera-t-on ? Ne va-t-on pas l'accabler de reproches et lui fermer la porte ? Oh ! quelles angoisses dans l'âme ulcérée du pécheur qui a besoin de compassion, de pardon, de soins affectueux, et qui redoute les rebuts et les reproches !

Le Cœur sacerdotal de Jésus se dépeint lui-même dans le cœur du père compatissant, qui reçoit avec tant de bonté son fils prodigue. « Faites vite, dit le père à ses serviteurs, apportez ses vêtements d'autrefois et préparez un festin... »

Il nous semble voir le cœur de ce tendre père passant par une série d'impressions diverses. Il est triste d'abord, ce père aimant, il pleure souvent, il attend, il désire, il espère, son fils revient, il est suffoqué de joie, il lui saute au cou. Il a peur de le perdre encore. Il veut le combler de bienfaits pour se l'attacher. Il lui montre plus de bonté qu'à l'aîné qui a toujours été fidèle.

Ô mon bon Maître, est-ce vraiment ainsi que vous aimez les pécheurs ? Et alors, pourquoi hésitons-nous à revenir à vous ? que craignons-nous ? Oh ! que vous êtes différent des juges humains ! Votre tribunal est un tribunal de miséricorde.

Prêtres, apprenez par là de quel esprit vous êtes. N'appelez pas la foudre sur les coupables. Le Fils de l'homme n'est pas venu pour perdre les âmes, mais pour les sauver. (Lc 9, 55)

Treizième méditation

**Le cœur sacerdotal de Jésus et les pécheurs :
Jésus à l'œuvre**

Le Cœur sacerdotal de Jésus auprès des pécheurs est le modèle du prêtre au confessionnal.

Le prêtre est père, médecin, docteur et juge. Jésus était tout cela. Le prêtre console, guérit, encourage les âmes ; Notre-Seigneur faisait tout cela.

I. La guérison du paralytique et la résurrection de Lazare sont des symboles de la confession

On apporte à Notre-Seigneur un pauvre paralytique. Jésus voyant la foi de cet homme lui dit : « Tes péchés te sont remis. » Et comme les pharisiens s'étonnaient, il ajouta : « Lève-toi, prends ton grabat et retourne chez toi. » Cet homme était à la fois pardonné et guéri. La guérison était une preuve et un symbole du pardon.

Guérissons avec la même bonté les âmes de ceux qui viennent à nous avec foi et repentir.

La résurrection de Lazare est aussi une figure de la confession. Jésus s'écrie : « Lazare, sors du tombeau. » Puis il dit aux apôtres : « Déliez-le de ses linceuls. » C'est Dieu qui remet les péchés, mais les prêtres, par le sacrément de pénitence, font tomber les liens.

II. La bonté de Jésus pour les publicains et les pécheurs nous montre aussi la charité que nous devons avoir pour les âmes

Étonnés de cette bonté du Sauveur, les pharisiens disaient aux apôtres : « Pourquoi votre Maître mange-t-il avec les publicains et les pécheurs ? »

– Jésus, entendant cela, leur dit :

« Ce ne sont pas ceux qui se portent bien qui ont besoin du médecin, mais les malades. Comprenez donc cette parole de l'Écriture : Je veux la miséricorde et non le sacrifice. Je ne suis pas venu appeler les justes, mais les pécheurs. » (Mt 9, 13)

Du nombre de ces publicains était saint Mathieu, que Notre-Seigneur appela à l'apostolat. Il était assis au bureau de l'impôt, quand Jésus lui dit : Suis-moi, et Mathieu donna un grand festin dans sa maison, où il reçut Jésus et ses disciples (Luc, V). La bonté pour les pécheurs les porte à la joie et à la reconnaissance ; elle les encourage à prendre de généreuses résolutions.

Du nombre des publicains et un de leurs chefs était encore Zachée, célèbre par ses injustices, mais aussi par ses larges restitutions. Il devint, après sa conversion, un des plus fervents disciples de Jésus. Il fut même plus tard, au rapport de saint Clément, ordonné par saint Pierre évêque de Césarée en Palestine, et la tradition en fait un apôtre de notre Languedoc, où il reposerait, au sanctuaire de Rocamadour.

Bien des gens murmuraient de ce que Jésus descendait chez un pêcheur. Mais Jésus dit à leur intention : « Le Fils de l'homme est venu pour chercher et sauver ceux qui étaient perdus. » (Lc 19, 10)

Voyons encore le bon Pasteur à l'ouvrage. Il court après la brebis égarée. Cette fois, c'est une femme samaritaine, qui est l'objet de ses recherches et de sa vive sollicitude. Il entreprend pour elle un pénible voyage. Il est accablé de lassitude, car il a fait une longue course. Il marche depuis le point du jour et on arrive à l'heure de midi, alors que le soleil est le plus ardent et que la chaleur incommode davantage. Il s'asseoit fatigué au lieu où il sait qu'une brebis perdue va bientôt se rendre.

Les Samaritains étaient odieux aux juifs. C'était une tribu d'Assyriens que Salmanazar a-vait amenés pour repeupler ce pays quand il eut emmené les dix tribus en captivité ! Ces gens mêlaient au culte juif les superstitions païennes.

La bonté de Jésus paraît particulièrement en cette occasion en ce qu'il recherche une étrangère odieuse à sa nation, une femme d'ailleurs qui paraissait indigne de ses soins, étant une pécheresse connue ; et il se lasse, il se fatigue, il emploie les industries de son zèle pour la convertir. « Celui qui demandait à boire à la Samaritaine avait lui-même soif de la foi de cette femme », dit saint Augustin.

Inutile de rendre ici tout le détail de cet entretien. Il est connu. La Samaritaine crut en Jésus et lui amena des disciples. Elle s'en alla à la ville et dit aux habitants : « Venez voir un homme qui m'a dit tout ce que j'ai fait, n'est-ce pas le Christ ? » Beaucoup furent gagnés, ils vinrent à Jésus, ils le prièrent de séjourner chez eux, il y resta deux jours. Sa bonté lui avait gagné tout un groupe de disciples. (Jn 4)

Cette femme, que la tradition nomme Photine, contribua à faire connaître le Messie. Elle fut martyrisée à Carthage avec ses fils. Le martyrologe en fait mention au 20 mars.

III. Autres exemples

Quelle miséricorde le Cœur sacerdotal de Jésus a montrée aussi envers la femme adultère! Elle est accusée, conformément à la loi. Jésus écarte habilement ses accusateurs puis il lui dit: «Il n'y a plus personne pour te condamner, je ne

ciel que s'ils boivent courageusement à la coupe des persécutions.

Quand le prêtre quitte ses parents, il est juste qu'il les laisse au soin de personnes sûres. Jésus, avant de monter au ciel, confie sa mère à saint Jean.

Quelles belles et douces leçons nous laisse le Cœur sacerdotal de Jésus !

Aimons notre famille en Dieu et pour Dieu. Sachons la quitter quand il le faut. Efforçons-nous de la sanctifier.

Vingtième méditation

Le cœur sacerdotal de Jésus en face de la nature et de l'art

Le sentiment de la nature en Jésus devait être exquis, et son humanité y trouva sûrement, en même temps qu'un chemin de plus pour aller à son Père, la source de jouissances délicates et intenses. Il en sentait mieux que nous la beauté et il remontait sans peine à son auteur pour la louer.

I. La terre promise

Il avait choisi pour y descendre un des points les plus beaux et les plus riches du globe. Le nom de *Terre promise* n'était pas un vain mot. L'annonce de la *terre où coule le lait et le miel* n'était pas un leurre. Or à l'époque de Jésus, la belle patrie d'Israël était en plein développement et en pleine puissance. Ce n'était pas une nature enivrante aux voluptueuses langueurs, comme le Bosphore ou les îles de la Grèce ; c'était une beauté large et saine, avec une nuance de mélancolie vers la Judée.

Les plaines et les vallées avaient une fertilité exubérante ; du haut des sommets, on voyait, d'un côté la vallée symbolique du Jourdain et le lac de la mort, et de l'autre la grande mer qui conduisait vers les terres de l'Occident.

Pour son berceau, Jésus avait choisi la ville blanche, la *cité du pain,* Bethléem, étagée au dessus d'une vallée en terrasse qui est une véritable corne d'abondance où croissent la vigne, le froment, le figuier et l'olivier.

Près de là étaient les vasques et les jardins de Salomon, la *fontaine scellée* et le *jardin fermé,* auxquels Salomon se plaisait à comparer son épouse.

Nazareth où Jésus passera sa longue vie solitaire, est la *ville des fleurs.* Elle s'abrite sous les rochers comme un nid de colombes, au-dessus de la plaine de Jezréel. Elle a en vue le Carmel, la belle montagne boisée et fleurie, qui donne un peu de joie au paysage.

C'est là à Nazareth, dans le calme et le recueillement que Jésus répétera quotidiennement son *Ecce venio*[1], en offrant à son Père toutes ses pensées, toutes ses peines, tous ses labeurs, tous ses soupirs, comme autant d'actes de rédemption.

La Galilée, où il passera trois ans, c'est la terre de l'activité, de la pêche et de la moisson. Le milieu était favorable pour le déploiement de sa vie active.

---

[1] - *Voici que je viens.*

II. De Nazareth à Jérusalem

Jésus a fait bien des fois le chemin qui conduit de la Galilée vers la Palestine. C'est par la Samarie que passaient tous les pèlerins. Jésus s'y dirigeait par la plaine d'Esdrelon quand il se rendait trois fois l'an aux fêtes religieuses de Jérusalem.

C'était toujours à la belle saison, au printemps, pour la Pâque et la Pentecôte, à l'automne pour les fêtes des tabernacles.

Jésus laissait derrière lui la chaîne du Liban avec l'Hermon couronné de neige. Au levant, c'était la mer de Galilée, à peine voilée par un rideau de collines, futur théâtre de ses exploits divins ; au couchant, c'était la grande Mer, par où la bonne nouvelle prendrait son vol à larges ailes.

La grande plaine d'Esdrelon au printemps était comme une mer de verdure mouvante où brillaient les fleurettes de toutes couleurs et particulièrement les anémones rouges, formant des tapis plus riches que la pourpre de Salomon.

Jésus aimait les travaux des champs, l'aspect imposant des montagnes, les eaux fertiles, les fleurs aux mille parfums, l'œuvre de Dieu, qui prouve et chante sa gloire.

Au printemps, c'était encore le parfum des amandiers et des citronniers si nombreux dans les plis du terrain. – Á l'automne, c'étaient les vanneurs qui jetaient la graine aux vents sur l'aire de la ferme, les laboureurs qui rentraient à l'heure où le soleil couchant empourprait les montagnes, les troupeaux qui soulevaient au loin des nuages de poussière, les veilleurs qui gagnaient leurs tours de garde.

Jésus passait près du Thabor, le piédestal de sa gloire, à Dothaïn où fut vendu Joseph, à Silo où reposa l'arche, à Béthel où Jacob endormi entrevit le ciel, et à d'autres lieux où se passèrent des faits historiques, qui préparaient et figuraient la rédemption.

Jésus s'inspirait des souvenirs de ses voyages pour nous dire ses belles et poétiques paraboles du semeur, de la vigne, du bon Pasteur.

Que ne savons-nous comprendre et goûter la nature ! Nos discours y puiseraient des images délicieuses qui charmeraient nos auditeurs.

III. La Judée

La Judée proprement dite n'avait ni la fécondité ni le charme de la Galilée et de la Samarie.

Il semble que Dieu ait voulu établir une différence entre le pays où Jésus sema la bonne parole et celui où la race déicide voulut étouffer sa voix.

La contrée était montagneuse, l'eau était rare, les rochers perçaient le sol, et l'aspect général était plutôt triste.

En descendant le Mont des Oliviers, Jésus admirait le temple, sa masse, ses sculptures et ses ornements. (Lc 21, 5) Puis il annonçait à ses disciples le châtiment prochain, la destruction de ce temple par les Romains.

La nature et l'art élèvent les âmes vers Dieu. Sachons les goûter et nous en inspirer dans la prière et la prédication.

Nos réserves de froment rappellent l'Eucharistie ; nos pressoirs nous représentent le calvaire. Les fleurs, les harmonies, les parfums de la nature chantent la gloire de Dieu. Aimons à dire le cantique *Benedicite* en face de nos jardins et de nos belles campagnes.

Vingt et unième méditation

Le cœur sacerdotal de Jésus et les tentations

Pourquoi Notre-Seigneur a-t-il voulu éprouver des tentations au désert ? C'était pour mériter des grâces de force à tous les fidèles et particulièrement aux prêtres.

L'ambition, l'avarice, la sensualité, les trois tentations qu'a voulu subir le Sauveur sont bien celles qui viennent parfois assaillir le prêtre.

I. L'ambition

Le démon transporta Notre-Seigneur sur le pinacle du Temple et lui dit : « Si tu es le fils de Dieu, descends à travers les airs. » Notre-Seigneur se refusa évidemment à faire montre de sa puissance par un pur motif de vanité.

Amour-propre, ambition, vanité, c'est l'attachement à sa propre excellence, qui est si dangereux pour le prêtre.

Tel met sa complaisance dans son prétendu talent ; il se prêche lui-même, plus qu'il ne prêche l'Évangile. Tel autre aspire aux dignités, c'est sa préoccupation.

Il est moins ardent pour le règne de Dieu qu'il ne l'est pour le sien propre. Le Cœur sacerdotal de Jésus n'a pas connu ces faiblesses. « Apprenez de moi, disait le Sauveur, que je suis doux et humble de cœur. »

Que de fois il ordonne de taire ses miracles ! Et quand on veut le proclamer roi, il disparaît pour nous enseigner l'humilité.

Saint Bernard vivait dans le Cœur de Jésus et le connaissait bien. Il nous donne ces conseils d'humilité. « Proposez-vous souvent ces trois questions : Qu'étiez-vous ? rien, quand Dieu vous a tiré du néant pour vous donner l'être. – Qu'êtes-vous ? fumier et péché que Dieu conserve pour que vous ne retombiez pas dans le néant. – Que seriez-vous ? un sac de vers sans la main puissante de Dieu. – Si donc vous avez quelque chose de bon rendez en grâces à Dieu et dites-lui le *Magnificat,* parce qu'il a regardé la bassesse de son serviteur. Si vous tombez dans le péché, attribuez-le à vous-même, parce que la liberté ne sait guère commettre que le péché. Si vous observez la loi, dites encore : Nous sommes des serviteurs inutiles, nous n'avons fait que ce que nous devions faire. »

Jésus s'est anéanti jusqu'à prendre la forme d'un esclave ; il s'est humilié en obéissant jusqu'à la mort. « Ne recherchez pas, disait-il, la première place dans les festins et les réunions, mais la dernière. » « Celui qui s'élève sera humilié et celui qui s'abaisse sera élevé. »

Quand Jésus eut lavé les pieds de ses apôtres, il leur dit : « J'ai fait cela pour vous donner l'exemple de l'humilité. »

Saint Basile nous donne ces conseils : « Soyez doux envers vos serviteurs, patients envers ceux qui vous attaquent, humains envers les petits. Ne reprenez pas avec dureté, ne souffrez pas qu'on vous loue, cachez vos vertus et vos avantages, ne laissez pas critiquer les absents. S'il faut reprendre vos inférieurs, faites-le avec des pensées de foi. »

II. L'avarice

Le démon transporte Notre-Seigneur sur une montagne élevée et lui dit : « Si tu veux m'adorer, je te donnerai tous les royaumes du monde. » Le prêtre est tenté d'aspirer aux postes qui donnent de beaux revenus. Il fera pour cela des courbettes devant des protecteurs civils ou ecclésiastiques.

Il est tenté d'amasser les revenus de sa charge, de les recueillir avec dureté, de donner peu aux pauvres et aux œuvres.

Il avait pris le Christ pour son partage, et maintenant son cœur est passionné pour la richesse. C'est une sorte d'apostasie. Il pensera plus aux emplois avantageux et aux profits qu'à ses devoirs envers Dieu et le prochain. Il jalousera ses confrères, il priera sans goût et perdra l'esprit d'oraison. « Vous ne pouvez pas servir deux maîtres, Dieu et l'argent », lui dit Notre-Seigneur.

« Malheur aux riches, dit encore le Sauveur; ils ont reçu leur consolation ici-bas. » Et comme ses apôtres manifestaient un jour l'amour des grandeurs, il prit un enfant et leur dit : « Si vous ne vous convertissez et ne devenez comme ces enfants, vous n'entrerez pas au royaume de Dieu. » Les enfants sont simples et ne se soucient pas des biens de la terre.

Le chapitre sixième de saint Mathieu rapporte tout un éloquent discours de Notre-Seigneur contre l'avarice. « Placez, dit-il, votre trésor au ciel, il sera à l'abri de la rouille et des voleurs. Ayez peu de souci des choses d'ici-bas ; voyez les oiseaux, ils trouvent à manger ; et les fleurs, elles sont mieux vêtues que Salomon. Ayez confiance en la Providence, Dieu sait ce qu'il vous faut... »

Est-ce là notre disposition ?

III. La sensualité

Après son jeûne, Jésus eut faim, et le démon lui dit : « Si tu es le Fils de Dieu, change ces pierres en pains. » Jésus lui répondit : « L'homme ne vit pas seulement de pain mais aussi des douces communications de Dieu à son âme. »

Le prêtre est tenté de s'adonner à la bonne table et à d'autres jouissances plus grossières.

Toute la vie du Christ proteste contre ces vices grossiers. Il a aimé la pauvreté, la simplicité, la modestie.

Agneau immaculé, il est le fils de la Vierge et ami des âmes vierges. Au ciel même, les vierges forment son cortège.

La mortification de l'âme et du corps est la sauvegarde de la chasteté. « Je châtie mon corps, dit saint Paul, pour ne pas devenir un réprouvé. » Les remèdes efficaces sont l'humilité et l'oraison. En fermant nos yeux et notre pensée aux images voluptueuses, ne laissons pas entrer l'amour impur. En ouvrant notre âme à l'oraison, laissons-la s'éprendre de l'amour pur et purifiant du bon Maître.

Vingt-deuxième méditation

Le cœur sacerdotal de Jésus et son oraison

L'oraison du Cœur sacerdotal de Jésus est toute faite d'amour. L'oraison éternelle du Verbe n'est-elle pas cette procession de l'Esprit-Saint qui exprime son amour pour son Père ?

Son oraison terrestre est l'effusion de son amour de complaisance, de bienveillance, de reconnaissance, de réparation.

Saint Augustin nous l'a enseigné : « La religion reçoit sa perfection de l'amour : *Non colitur Deus nisi amando*[1]. » L'amour est dans la religion ce qu'il y a de plus sublime et de plus saint. C'est le sommet où l'âme s'élève pour contracter avec Dieu la plus étroite union.

Jésus, prêtre suprême de son père, devait consommer sa religion dans l'amour. A propos de son oraison, nous parlerons de son amour de complaisance, de reconnaissance et de condoléance.

---

[1] - *On ne rend de culte à Dieu qu'en l'aimant.*

Nous réserverons la considération de son amour de bienveillance pour la méditation suivante.

I. Son amour de complaisance

L'amour de complaisance est celui de l'âme qui, en contemplant la bonté infinie, immuable, éternelle, toujours ancienne et toujours nouvelle de l'être divin, se complaît et se réjouit en cette vue. Nous sommes par nature, comme le remarque saint Basile, enclins à l'admiration du beau : *Rerum pulchrarum natura appetentes sumus*[1]. (Commentaire sur sa Règle)

Qu'y a-t-il de plus beau que l'être divin avec ses perfections infinies, ses glorieux attributs et la vie intime de l'adorable Trinité ?

L'âme contemplative, à cette vue, oublie les créatures et s'écrie avec saint Augustin : « O beauté infinie, pourquoi vous ai-je connue si tard et aimée si tard ? »

Mais si les âmes saintes entrent en extase à cette vue, que devait-il en être de notre divin prêtre Jésus ? Il était toujours en présence de son Père ; et son regard, dans la claire lumière, non d'une foi vive, mais de la gloire même, contemplait sans voile la suprême et glorieuse beauté de l'être divin ; et l'amour de complaisance, dont son cœur était rempli, transporté et consumé,

---

[1] *- Nous sommes attirés par la nature des belles réalités.*

l'Éternité seule nous en laissera entrevoir les secrets.

Saint François de Sales nous donne un peu l'idée de cet amour extatique : « L'âme qui est en exercice de complaisance, dit-il, crie perpétuellement en son sacré silence : Il me suffit que Dieu soit Dieu, que sa bonté soit infinie, que sa perfection soit immense ; que je meure ou que je vive, il importe peu pour moi, puisque mon cher Bien-aimé vit éternellement d'une vie toute triomphante... » (Amour de Dieu, livre V, chapitre 3)

II. Sa reconnaissance

Ce que Jésus contemple sans cesse, ce qu'il adore et qu'il aime, ce Dieu si parfait, si absolument beau et bon, n'est pas seulement bon en lui-même, en son essence, il est bon en dehors de lui; tout ce qui existe est une communication faite à l'extérieur de sa bonté essentielle.

La créature, qui sait qu'elle est ainsi aimée, et qu'elle reçoit, par la vertu propre à cet amour, tous les biens dont elle est enrichie, entre dans les sentiments d'un amour très fort et très doux, l'amour de reconnaissance.

Or, qui a été plus aimé de Dieu que Jésus ? Qui a plus reçu que lui ? « Il a été prédestiné Fils de Dieu. » (Rm 1, 4)

« Il est le Fils de la dilection du Père. » (Col 1, 13)

« Il est le principe et la fin de toutes choses. » (Ap 1, 8)

« Il est la figure de la substance divine et la splendeur de sa gloire. » (He 1, 3)

« Toutes choses sont en lui et par lui et pour lui. » (Col 1, 16)

« Il est le Roi des rois et le Seigneur des seigneurs. » (1 Tm 6, 15)

« Il est le Prêtre éternel de Dieu selon l'ordre de Melchisédech. » (He 5, 6)

« Il a plu à Dieu de tout réunir en lui, et toute créature reçoit de sa plénitude. » (Ep 1, 22 ; Jn 1, 3)

C'est pourquoi le Cœur de Jésus Prêtre s'élève perpétuellement vers son Père en cantiques d'action de grâces. Cette disposition du cœur sacerdotal de Jésus doit être partagée par tous les prêtres qui ont tant reçu de Dieu. L'action de grâces est une des fonctions de leur ministère, particulièrement dans l'offrande du saint sacrifice et dans la récitation du saint office.

Il faudrait au prêtre une âme gertrudienne pour rendre à Dieu de dignes actions de grâces en union avec le cœur sacerdotal de Jésus, et il se servira toujours avec profit des effusions de reconnaissance qu'on trouve dans les écrits de sainte Gertrude. Il dira avec elle :

« Grâces soient rendues à votre bonté, ô mon Dieu !... Pour vous témoigner ma reconnaissance, je m'unis à la gloire que vous rend l'humanité bénie de Notre-Seigneur Jésus-Christ, avec sa glorieuse Mère, avec tous les Anges et tous les saints.

« C'est dans cette sublime union que je vous adore, que je vous bénis et que je vous rends grâces, ô mon Seigneur et mon Dieu, de cet amour avec lequel vous m'avez créé, racheté, sanctifié, appelé, conservé et enrichi de toutes sortes de biens.

« La louange, hélas ! est sans lustre dans la bouche du pécheur : aussi je vous supplie très doux Jésus, de venir à mon secours. Ah ! daignez, avec cet amour dont vous êtes embrasé à la droite de votre Père, témoigner pour moi à Dieu ma reconnaissance, en lui adressant des louanges éternelles.

« Oh ! livrez-vous pour moi, cher Jésus, aux transports de votre cœur ; poussez vers Dieu pour moi un cri de cette reconnaissance dont votre cœur seul possède le secret.

« Ô Seigneur, ô Dieu d'une grandeur infinie, louez en vous, louez en moi, louez pour moi la divine Majesté, de toute la force de votre Divinité, avec toute l'affection de votre sainte Humanité, au nom et avec les affections de tout l'univers. Ainsi soit-il ! »

III. Sa compassion

Comme le Seigneur a, par ceux qui le servent, des sujets de joie, il ressent de la part de ceux qui l'offensent, d'intimes et mystérieuses tristesses. « Dieu, dit la Genèse, a été blessé de douleur en son cœur – *Tactus dolore cordis intrinsecus.* » (Gn 6, 6) « Ma douleur est au-dessus de toute douleur, dit le Seigneur dans Jérémie ; mon cœur est affligé. – *In me cor meum maerens.* » (Jr 8, 18)

Les prophètes expriment souvent ces tristesses divines et leurs causes : « Je n'ai cessé d'avoir les mains tendues vers mon peuple, dit le Seigneur dans Isaïe, et ce peuple ne croit point à ma tendresse ; il me contredit et il continue à marcher dans la voie de l'erreur... j'ai nourri des enfants, je les ai exaltés et ils m'ont méprisé. »

Sans doute, Dieu demeure immuable dans sa paix et sa félicité éternelles. Mais le péché qui contredit à toutes les perfections de Dieu et à son amour pour nous, est un désordre, un mal qu'il repousse et qu'il hait d'une haine infinie. Cette haine pour l'iniquité, c'est la mystérieuse affliction, c'est la profonde tristesse du cœur de Dieu.

Cette tristesse de Dieu et l'affreux péché qui en est la cause, ont fait verser des larmes abondantes à tous les saints, comment n'en auraient-ils pas arrachées au Saint des saints ? Aucun langage ne peut dire ce qu'était la mortelle agonie du Cœur de l'adorable Victime à la vue de nos péchés. Et ne les avait-il pas tous présents en même temps, depuis le péché d'Adam jusqu'aux blasphèmes de l'Antéchrist ?

Pendant toute sa vie mortelle, depuis les jours paisibles de Nazareth jusque sous les coups barbares de la flagellation et sous le poids douloureux de la croix, le sentiment de l'offense de son Père fut sa plus cruelle passion.

Il pouvait dire sans cesse : « Les opprobres dont vous êtes l'objet sont tombés sur moi... Les grandes eaux de la tribulation sont entrées dans mon âme. Je suis plongé dans des abîmes d'extrême tristesse... » (Ps 68)

L'amour de condoléance envers son Père et l'amour de compassion envers nos âmes étaient en Jésus un même amour. Il prit sur lui tous nos péchés pour réparer la gloire de son Père en les expiant.

Il en porta le poids pendant trente-trois ans. A la fin, il parut succomber, comme si cette charge horrible était intolérable même à sa divine puissance. Au jardin des Oliviers, le lourd fardeau fut comme un pressoir qui fit sortir son sang de ses veines ; et dans ce sang versé pour nous à Gethsémani et au Calvaire, tous nos péchés furent lavés comme dans un déluge d'amour. (Ap 1, 5)

Oh ! comme cet amour de condoléance pour Dieu est bon et fécond dans une âme de prêtre !

Prières, labeurs de toute sorte, mortifications, sacrifices, elle met tout en œuvre ; car aucune peine, ni intérieure, ni extérieure, n'est comparable à la souffrance qu'éprouve l'âme apostolique, à la pensée que Dieu est offensé, que cette offense n'est pas réparée, et que les âmes qui se perdent, faute de réparation, deviennent par leur perte la suprême et immense douleur du Cœur de Dieu.

Ce sont bien là les sentiments qui débordaient du cœur sacerdotal de l'apôtre saint Paul : « Je suis saisi d'une tristesse profonde, disait-il, et mon cœur est oppressé d'une douleur continuelle, au point que je désirerais servir de victime soumise à l'anathème pour mon frère. » (Rm 9, 2)

C'est l'esprit de notre divine victime, c'est la disposition de son Cœur. Est-ce bien la disposition de nos oraisons quotidiennes ?

Plaise à la bonté de notre Dieu de multiplier dans son Église, les âmes sacerdotales qui, tout animées et vivantes des dispositions du Cœur de Jésus, Apôtre et Pontife, soient apôtres d'abord par la prière, l'immolation intérieure, les ardeurs consumantes de l'amour de condoléance, et ensuite (seulement ensuite) par les œuvres extérieures du zèle !

Sans ce feu intérieur, toute l'activité du zèle ne serait que de la fumée. (P. Giraud)

Vingt-troisième méditation

Le cœur sacerdotal de Jésus
anime sa prière et son zèle

Amour de bienveillance envers Dieu, zèle pour sa gloire, amour du salut des âmes, sont des termes qui expriment presque la même pensée. Car, avoir pour Dieu de la bienveillance, en d'autres termes, lui désirer du bien, ne peut signifier que le désir de sa gloire extérieure dont nous faisons la demande, lorsque nous disons : « Que votre nom soit sanctifié, que votre règne arrive, que votre volonté soit faite sur la terre comme au ciel » ; et cette prière exaucée, c'est le salut des âmes. Or cette prière n'est-elle pas celle du cœur de Jésus ? N'est-ce pas la pensée dominante de ce Cœur sacerdotal ?

I. Amour de bienveillance

Il est vrai que Dieu tire sa gloire, non seulement du salut des justes, mais de la perte volontaire des pécheurs. Sa gloire consistera, au jugement dernier et pour l'éternité, dans le triomphe de sa justice sur eux ; mais il aurait voulu (c'était son dessein miséricordieux, le plan de son cœur de père), il aurait voulu ne trouver sa gloire que dans la fidélité de ses créatures d'abord, et ensuite dans leur salut éternel.

Il est doux de penser que tout ce que nous pouvons désirer à Dieu de bien, d'honneur, de triomphe en ce monde et en l'autre, se confond avec le salut des âmes. Les âmes sont comme la *matière* de sa gloire. Il ne retirera en aucune façon la gloire qu'il avait en vue, en créant le monde, si les âmes périssent. C'est bien là cette charité royale de notre Dieu *(regium Dei opus),* qui ne veut avoir, dans le temps, d'autres intérêts que les intérêts de ses enfants (Clément d'Alexandrie : Pédagogie I, *12).*

II. Zèle pour les âmes

Or, Jésus le sait. Notre divin Prêtre est venu en ce monde pour la glorification de son Père, pour son règne, pour l'établissement et la dilatation de son empire ; mais parce que tout cela ne peut se réaliser qu'en lui conquérant les âmes, il n'y a dans son Cœur de prêtre qu'un même amour : l'amour du triomphe de son Père et l'amour du salut des âmes. Toute sa vie tend à cette fin. Il prie, il souffre, il travaille, il s'offre en victime pour la gloire de son Père et le salut des âmes. Il s'écrie : « Je suis venu jeter du feu sur la terre et que désire-je, sinon que la terre s'embrase ? » C'est le feu de l'amour de bienveillance, ce sont les ardeurs de son zèle pour l'honneur de son Père, c'est la brûlante charité qui le consume pour les âmes. Il faut absolument que son Père triomphe et que les âmes soient rachetées et sauvées : tout est là. Les trente-trois années de sa vie sont toutes remplies de cette passion intérieure, qui se manifeste particulièrement aux jours de sa vie publique.

Avec quelle tendre affection il parle de son Père et des droits qu'il a à notre fidélité ! Comme il veut gagner les âmes à son service ! Comme il s'efface lui-même, pour que toutes se tournent vers ce Père bien-aimé ! « Ne parlez pas de ma bonté, dit-il, Dieu seul est bon. » (Lc 18, 19)

Il meurt pour satisfaire son Père en réparant sa gloire, et pour sauver nos âmes en les arrachant à leur ennemi.

Enfin viendra le jour où ce doux triomphateur, qui sera vainqueur parce qu'il est victime comme nous l'a appris saint Augustin, *Victor quia victima,* se sera soumis toutes les âmes qui doivent composer son corps mystique. « Alors la fin sera venue, dit saint Paul ; le Fils remettra sa conquête à Dieu et au Père, et le Fils se soumettra lui-même (en son Humanité et en qualité de prêtre et d'Hostie éternelle) à Celui qui lui aura tout soumis, de sorte que Dieu soit tout en toute chose. » (1 Co 15, 28)

C'est le terme de la mission du Fils. Comme on le voit, ce Fils incarné, ce Prêtre dévoué du

Très-Haut, ne sépare jamais dans son Cœur, dans ses œuvres, dans son immolation, dans son triomphe, son Père, dont la gloire est la fin de tout, et les âmes, dont le salut est la matière de cette gloire.

III. Le zèle est le fruit de l'amour

C'est là une grande leçon que doivent méditer souvent les hommes apostoliques. Le zèle est le fruit de l'amour divin. Il sera d'autant plus agissant et fécond que l'amour de bienveillance pour Dieu sera plus ardent, plus profond, plus habituel dans un cœur sacerdotal.

« C'est cette divine passion, l'amour de bienveillance, dit saint François de Sales, qui fait tant faire de prédications, qui fait passer en tant de hasards cette multitude dé religieux et de prêtres dès Indes, au Japon, au Maroc... C'est cette passion sainte qui fait tant écrire de livres de piété, tant fonder d'églises, d'autels, de maisons pieuses et, en somme, qui fait veiller, travailler et mourir tant de serviteurs de Dieu entre les flammes du zèle qui les consume et dévore. » (Amour de Dieu : Livre V, chapitre XI).

Le Cœur sacerdotal de Jésus est notre modèle. Il ne voit jamais les âmes que dans son Père. Il dit expressément : « Je connais mon Père et je donne ma vie pour mes brebis. » Il donne sa vie en détail et avec joie. Tous les sacrifices lui sont chers.

Comme il donnera un jour son sang, il donne sa parole, ses conseils, ses encouragements, il multiplie ses belles et touchantes paraboles.

« Je suis, dit-il, le bon Pasteur. Je connais mes brebis et mes brebis me connaissent. Comme mon Père me connaît, je connais mon Père (je connais ses desseins, ses vues miséricordieuses sur le salut des âmes), et c'est pourquoi je donne ma vie pour mes brebis qui ne sont pas de ce bercail. *Il faut que je les amène,* et elles entendront ma voix, et il n'y aura qu'un seul troupeau et un seul Pasteur. Voici pourquoi mon Père m'aime : c'est parce que je sacrifie ma vie pour la reprendre de nouveau. » (Jn 10)

« J'ai d'autres brebis, il faut que je les amène... » C'est le but de sa mission, c'est la volonté de son Père. C'est aussi le besoin de son amour. C'était le but de son Incarnation. Ce sera le fruit de son sacrifice. Ce sera aussi la préoccupation de son triomphe. « Je vais vous préparer la place, afin que vous soyez où je serai moi-même. » (Jn 14, 2)

C'est pour cela qu'il nous a donné sa Mère, qu'il a fondé son Église et institué les sacrements.

C'est pour cela qu'il est tous les jours avec nous jusqu'à la fin des siècles, dans sa présence eucharistique et dans l'action de l'Esprit saint.

Oh ! qu'il est beau et digne de louanges et d'actions de grâces, l'amour de bienveillance du Cœur sacerdotal de Jésus !

C'est cet amour qui faisait battre le cœur de l'Enfant de Bethléem, de l'Adolescent de Nazareth, du bon Pasteur courant après les pécheurs et de l'Agneau victime du Calvaire.

Plongeons nos cœurs dans cette fournaise d'amour, pour qu'ils s'y allument du même feu.

Vingt-quatrième méditation

Le cœur sacerdotal de Jésus dans sa participation au culte public : sa religion

Jésus, notre pontife est saint et la sainteté même. Il est l'être et la substance de la sainteté et de toute vertu surnaturelle[1]. Il est donc aussi la substance de la religion, qui est la grande vertu du prêtre ; car le prêtre est constitué pour rendre à Dieu tous les hommages qui lui sont dus : *Constituitur in iis quae sunt ad Deum*[2]. (He 5, 1) Jésus-prêtre est toute la religion rendue au Père. Il l'a été primitivement dans ses figures. Il l'a été personnellement dès le premier instant de sa vie mortelle ; il l'est encore au Saint-Sacrement de l'autel ; il l'est et le sera éternellement au ciel.

Quel spectacle admirable que cette louange, cette adoration, cette reconnaissance, cette perpétuelle et adéquate satisfaction et ce contentement éternel donné au Père !

---

[1] *Ipse enim Christus est natura virtutum.* Origène sur le Ps 38.

[2] *- Il est établi pour intervenir dans les relations avec Dieu.*

te condamnerai pas non plus. Va, mais renonce au péché».

En toutes ces circonstances, Jésus nous devançait au confessionnal. Et Madeleine? C'était une grande pécheresse, connue dans toute la contrée pour ses désordres et ses scandales. Elle a été gagnée par la bonté de Jésus. Elle a été délivrée de sept démons. Elle va sans respect humain faire un acte public d'humilité chez Simon le pharisien.

Elle embrasse les pieds de Jésus. Le céleste médecin abaisse un regard de compassion sur cette âme malade. Il pardonne à cette pénitente, qui deviendra le modèle idéal du repentir et de la reconnaissance.

Ô Prêtres, que notre ministère auprès des pécheurs est délicat ! Comme il faut être bon, zélé et dévoué pour les ramener à Jésus-Christ !

Quatorzième méditation

Le cœur sacerdotal de Jésus
et ceux qui souffrent

Le Cœur de Jésus déborde de tendresse et de compassion pour tous ceux qui souffrent, tous ceux qui peinent, tous ceux qui ont faim, tous ceux qui sont malades. C'est un cœur de père, un cœur de mère, un cœur de pasteur.

Jésus est notre père comme Dieu, comme Sauveur, mais il l'est aussi comme Pontife, comme prêtre. Il est notre pasteur, il est le Bon Pasteur par excellence. C'est son cœur de prêtre qui souffre quand nous souffrons.

Plus que saint Paul, il peut dire : « Qui de vous est souffrant sans que je ne le sois aussi ? » (2 Co 9, 29)

I. Compatir à ceux qui souffrent c'est la mission du Messie

Isaïe l'a dépeint sous cet aspect : « Je suis envoyé, dit le Messie, pour évangéliser les pauvres, pour consoler les affligés, pour relever ceux qui succombent sous le poids de la fatigue et de la peine, pour rendre la vue aux aveugles et l'ouïe aux sourds. » (Is 61,1)

Notre-Seigneur a le cœur tout rempli du sentiment de sa mission. Il appelle à lui tous ceux qui souffrent : « Venez à moi vous tous qui êtes dans la peine et je vous soulagerai. » (Mt 11, 28)

Il sait ce que c'est que souffrir, il a connu l'exil, la persécution, la faim ; il a toujours devant les yeux les grandes souffrances qui lui sont réservées pour la fin de sa vie.

Tel doit être le prêtre. Il doit rechercher ceux qui souffrent, les visiter, les consoler. S'il ne peut pas les guérir, il peut les consoler, les encourager à la patience ; il peut leur donner un conseil d'hygiène et leur offrir des médicaments. Il doit être à eux plus qu'à ceux qui sont en santé.

II. Jésus à l'œuvre

Voyez Jésus à l'œuvre. Il rencontre la veuve de Naïm. Elle pleure, il pleure aussi *misericordia motus*[1] ; il rend son fils à la vie. (Lc 7)

Un jour, Marthe et Marie-Madeleine lui annoncent en pleurant la mort de leur frère. Il pleure encore, *et lacrimatus est Jesus*[2].

La Chananéenne crie vers Jésus : « Seigneur, fils de David, ayez pitié de moi. » Il l'éprouve

---

[1] - *Mu par la miséricorde.*
[2] - *Et Jésus pleura.*

d'abord par une apparence d'insensibilité. Mais bientôt il cède à l'inclination de son cœur, et il guérit la fille de la pauvre femme.

Tout le récit de l'Évangile est rempli de guérisons miraculeuses. « Jésus, dit saint Pierre, passa en faisant le bien et en guérissant tous ceux qui étaient opprimés par le démon. » (Ac 10, 38)

« Jésus, dit saint Mathieu, parcourait la Galilée, enseignant dans les synagogues, prêchant la bonne nouvelle du règne de Dieu et guérissant toutes les maladies et toutes les infirmités. Son nom se répandit dans toute la Syrie. On lui présenta tous les malades, les infirmes, les possédés, les paralytiques, et il les guérit. » (Mt 4, 23-24)

« La foule qui se pressait pour être guérie, dit saint Marc, était telle que parfois le Sauveur était empêché de prendre sa nourriture. Ses disciples ne pouvaient plus manger leur pain. Ils allèrent jusqu'à s'irriter contre lui et à vouloir mettre fin à son zèle qu'ils regardaient comme une passion, *Quoniam in furorem versus est*[1].» (Mc 3, 20-21) – Oh ! la sainte folie du Cœur de Jésus !

Prêtres de Jésus, allons aux malades, dussions-nous quelquefois être dérangés dans l'heure de nos repas ou de notre sommeil.

Quelle bonté ! quelle condescendance ! quelle délicate attention du divin Maître pour tous ceux

---

[1] - *Parce qu'il était devenu fou.*

qui souffrent ! On ne voit pas qu'il ait jamais refusé à aucun sa demande. Il leur disait : « Que voulez-vous que je fasse ? » – « Que vous me guérissiez ! » – Et il les guérissait sur le champ.

C'étaient des aveugles, des sourds, des boiteux, des paralytiques, des possédés du démon, des lépreux. Il commençait par exciter leur confiance, en les appelant du nom le plus tendre : « Mon fils, ma fille, ayez confiance, vous serez guéris. » Son zèle ne se laissait pas arrêter par les scrupules des pharisiens pour le repos du sabbat. Il leur disait : « Laisseriez-vous votre âne dans le puits ou votre brebis dans le fossé le jour du sabbat ? Pourquoi voulez-vous que je laisse les malades dans leur triste situation ? »

III. Jésus se dépeint lui-même sous les traits du bon samaritain

Un homme a été dépouillé, frappé, blessé. Un prêtre juif et un lévite ont passé et ils n'ont pas secouru le blessé. Un samaritain passe, c'est le vrai prêtre, c'est la figure du Sauveur, le prêtre de la nouvelle loi. Il a compassion du blessé ; il soigne ses plaies en y mettant l'huile et le vin. Il prend le blessé sur son cheval, le conduit à l'hôtellerie et paie les soins qu'on lui donnera.

Le vrai prêtre et pontife montre là tout son cœur.

Prêtres de Jésus-Christ, soyons de bons samaritains pour les malades de nos paroisses.

Il y avait alors beaucoup de possédés. Les démons s'agitaient en voyant leur pouvoir mis en échec par la rédemption.

Aujourd'hui, le démon agit diversement. Il dirige les hommes par les sectes et les associations secrètes. Que ferons-nous contre lui ? Jésus chassait les démons, mais il avait grande pitié des possédés. Tout en détestant les sectes, soyons bons pour les personnes.

Jésus montre sa bonté pour le pauvre possédé du pays des Géraséniens, qui était tourmenté par une légion de démons. Il le guérit. Cet homme, revenu à lui-même, veut s'attacher à Jésus comme disciple. Mais le bon Maître lui dit de retourner dans son pays pour y publier les bienfaits de Dieu. (Lc 8)

Soyons toujours bons pour les personnes, tout en condamnant les doctrines et les pratiques des sectes.

Quinzième méditation

Le cœur sacerdotal de Jésus
et le soin des vocations

Un des devoirs du prêtre est de rechercher les vocations, de les favoriser, de les préparer. En cela encore le Cœur sacerdotal de Jésus est son modèle.

1. Jésus a désiré et favorisé les vocations

Et d'abord, combien il a désiré les vocations ! Il avait parcouru les villes et les bourgades, prêchant dans les synagogues et guérissant les malades. Il avait vu ces foules sans éducation, sans direction. Il en avait pitié. « C'est comme un troupeau sans pasteur », disait-il. La misère morale et physique déprimait ces foules. Et Jésus disait à ses disciples : « Comme la moisson est grande ! Priez donc le Seigneur d'envoyer des moissonneurs. » (Lc 10, 2)

Il aime les enfants, il les bénit, et sa bénédiction fait germer des vocations.

Il appelle les enfants, il leur témoigne de l'amitié. « Laissez-les venir à moi », dit-il à ses apôtres.

Un adolescent de bonne famille vient à lui. Jésus voudrait en faire un apôtre : « Va, lui dit-il, vends ce que tu as et suis-moi. » Le jeune homme résiste à la grâce et Jésus est attristé. (Mc 10, 21)

Un enfant suivait Notre-Seigneur et les apôtres et portait leurs petites provisions. La tradition nous dit que c'était Martial, apôtre du Languedoc. (Jn 6)

Un jour, Notre-Seigneur prend un enfant ; il admire sa naïveté, sa simplicité, et il dit à ses disciples : « Voilà votre modèle, soyez simples comme des enfants. » Et il ajoutait : « Ceux qui reçoivent des enfants en mon nom, me reçoivent. »

Quels encouragements pour nous à nous occuper des enfants, à nous dévouer à eux, à rechercher parmi eux les vocations et à les favoriser ! Un prêtre qui ne s'intéresse pas aux vocations a-t-il vraiment l'esprit apostolique ?

II. Comment il a appelé ses apôtres et ses disciples

Notre-Seigneur appelle à lui soixante-douze disciples et douze apôtres, comme les premiers fondements de la hiérarchie ecclésiastique.

Mais, avant de se déterminer dans son choix, il veut prier longuement. Il se retire sur la montagne : on prie mieux dans la solitude ; et il passe toute la nuit en prières. (Lc 6, 12-13) Quel exemple ! Comme nous devons prier pour obtenir des vocations et pour les féconder ! C'est après cette veillée de prières qu'il détermine le choix de ses disciples et de ses apôtres.

C'est après son long jeûne au désert, après les épreuves de ses tentations, qu'il appelle à lui l'élite de ses apôtres : Pierre, André, Jacques et Jean.

Il leur présente tout de suite l'idéal de l'apostolat : « Venez et je vous ferai pêcheurs d'hommes. » Il ne leur dit pas : « Vous serez riches, honorés, écoutés. » Il leur dit : « Vous gagnerez des hommes à Dieu. »

Inspirons aux enfants une vocation pure de tout alliage.

Jésus prend ses disciples avec lui pour les former : *Et veniunt ad domum*[1]. Il leur donne l'exemple : il prêche, il guérit. Il est si rempli de zèle, si ardent, si transporté par le dévouement et la charité, qu'il a l'air d'être hors de lui-même. Quelques-uns le prennent pour un insensé et veulent le lier : *Exierunt tenere eum, dicebant enim quoniam in furorem versus est*[2]. (Mc 3, 21) Ne craignons pas d'étonner par notre zèle.

---

[1] - *Et ils arrivèrent à la maison.*
[2] - *Et ils sortirent pour le prendre car ils disaient qu'il était devenu fou.*

III. Comment il les a formés

Jésus se dévoue ensuite à la formation de ses disciples et de ses apôtres.

Ses premiers entretiens avec André et Jean se prolongent la nuit. (Jn 1, 38) Jésus ne compte pas avec la fatigue.

Il leur fait faire la retraite de temps en temps : « Venez à l'écart, leur disait-il et reposez vos âmes. » Il faut parfois quitter le surmenage du ministère pour se retremper.

Jésus est tout à ses disciples pour les instruire. Il consacre trois ans à leur formation doctrinale. Il les prend souvent à part. Au sermon sur la montagne, il a des instructions spéciales pour ses apôtres et d'autres pour les foules. Il parle à ses apôtres sur les sommets et il descend ensuite vers le peuple, comme pour marquer que les prêtres ont à faire des études plus élevées et plus difficiles.

Quand il a parlé au peuple en paraboles, il explique ses paraboles à ses apôtres. « Pour vous, leur dit-il, vous avez besoin de bien comprendre tous les mystères du règne de Dieu : *Vobis datum est nosse mysteria regni Dei.* » (Mt 13, 11)

C'était sa coutume de reprendre ses enseignements avec ses apôtres et de les développer : *Seorsum autem discipulis disserebat omnia*[1]. (Mc

---

[1] - *Mais en particulier il expliquait tout à ses disciples.*

4, 34) C'était comme ses cours d'exégèse et de théologie.

Et il continua ainsi jusqu'après sa résurrection. Dans ses apparitions, il les instruisait sur le règne de Dieu, c'est-à-dire sur l'Église, son organisation, son culte, ses sacrements : « *Per dies quadraginta apparens eis, et loquens de regno Dei[1].* » (Ac 1, 4)

Songeons-nous à perpétuer notre sacerdoce, à rechercher les vocations, à les aider ? Avons-nous concouru à en développer quelques-unes ?

---

[1] - *Pendant 40 jours il leur apparut et leur parla du règne de Dieu.*

Seizième méditation

Le cœur sacerdotal de Jésus
et les relations du Sauveur avec les apôtres

Les relations avec ses confrères sont une part importante et délicate de la vie du prêtre. Là encore il peut trouver de saintes et sublimes leçons dans les rapports de Notre-Seigneur avec ses apôtres qu'il voulait bien traiter comme des frères.

I. Jésus traite ses apôtres comme des frères

Un jour on vint lui dire que sa mère et ses frères, ou ses cousins, l'attendaient. Il étendit la main vers ses disciples et dit : « Voilà ma mère et mes frères. » (Mt 12, 49) Aimons les prêtres comme nos frères.

Une autre fois, on recueillait à Capharnaüm les impôts personnels. C'était deux drachmes par personne. Jésus pouvait s'exempter de l'impôt, mais il ne veut pas scandaliser, alors il s'identifie à saint Pierre comme à un frère : « Va, lui dit-il, jette l'hameçon, tu prendras un poisson, tu l'ouvriras, et tu trouveras un *stater* ou quatre drachmes, ce sera pour payer ta taxe et la mienne. » Jésus nous tient donc pour ses frères.

Il vit avec ses apôtres, comme l'un d'eux. Ils ont une bourse commune. Ils logent souvent ensemble, ils mangent ensemble. Un enfant les suit en portant quelques provisions pour lui et pour eux.

Tantôt il leur demande à manger : « *Pueri, numquid pulmentarium habetis ?* » (Jn 21, 5) D'autres fois, il ne dédaigne pas de leur en préparer lui-même. Il allume le feu, il fait griller le poisson, il prépare le pain. (Jn 21, 9)

Simplicité, charité, telles sont les belles vertus dont Jésus nous donne l'exemple dans ses rapports avec ses apôtres.

II. Il prend toujours leur défense

« Pourquoi, lui dit-on, tes disciples ne jeûnent-ils pas comme ceux de Jean-Baptiste ? – Ce sont, dit-il, les fils de l'époux, doivent-ils jeûner pendant que l'époux est avec eux ? » C'est-à-dire, ce sont les disciples aimés du Messie, ils se réjouissent d'être avec lui ; « plus tard, quand il aura donné sa vie pour eux, ils jeûneront. » (Lc 5, 24)

Un jour, ils ont cueilli des épis au bord d'un champ de blé le jour du sabbat, on le leur reproche. Il les défend : « Ils avaient faim. Les prescriptions du sabbat n'obligent pas à se priver de nourriture. David a bien mangé un jour les pains sacrés réservés aux prêtres, parce qu'il avait faim. »

Défendons toujours nos confrères.

Quand Judas et la canaille de Jérusalem vinrent pour arrêter Jésus à Gethsémani, après leur avoir fait entrevoir sa puissance en les renversant, il se livre à eux, mais il a soin de leur dire : « Épargnez mes disciples : *Sinite eos abire.* » (Jn 18, 8)

S'il peut leur rendre service, il n'y manque pas. Ils ont part à la multiplication des pains, à la pêche miraculeuse.

Il guérit la belle-mère de saint Pierre, qui souffrait de la fièvre. (Lc 4, 38)

Il compte parmi eux quelques amis plus intimes : Pierre, André, Jacques et Jean.

Il les prend souvent à part, comme à la résurrection de la fille de Jaïre, à l'Agonie, à la Transfiguration. Nous pouvons aussi avoir des amis qui nous soient une aide et une consolation.

Il leur recommande de pratiquer entre eux la correction fraternelle et le pardon des offenses : « Si ton frère t'a offensé, parle-lui en particulier ou, s'il le faut, devant un ou deux témoins. » Ayons un admoniteur. Vidons nos petites querelles sans bruit et sans retard. (Mt 18, 5)

III. Les mystères de la Cène, de l'Agonie et du Calvaire, méritent une considération spéciale

Comme Jésus est humble au Cénacle ! Il veut laver les pieds de ses disciples et les servir. « J'ai fait cela, leur dit-il, pour vous donner l'exemple. » Soyons donc humbles vis-à-vis les uns des autres.

Au Cénacle, tous concourent à la splendeur et à la dignité du culte. Pierre et Jean ont préparé la salle, tout se fait avec ordre. C'est ainsi que nous devons donner notre concours à nos confrères pour les cérémonies du culte, en y manifestant une grande piété et une grande dignité.

Quels épanchements d'amitié suivent la Cène ! La conversation de Notre-Seigneur est toute surnaturelle. Ce sont les épanchements de son divin Cœur. Quelles sont nos conversations entre nous ?

C'est ensuite la prière et la veille commune à Gethsémani. « Veillez et priez afin que vous n'entriez pas en tentation... Vous ne pouvez donc pas veiller une heure avec moi ? »

Suivre Jésus jusqu'au Calvaire, c'est le privilège de saint Jean. Si nous aimons le Cœur de Jésus, il nous sera facile et même doux de souffrir pour lui et avec lui.

Que les prêtres du Sauveur soient vraiment pour nous des frères. Jésus nous l'a tellement demandé ! « Aimez-vous les uns les autres, disait-il à ses apôtres. Soyez unis ! Soyez un comme mon Père et moi nous sommes un. » Cette union sera votre honneur et elle édifiera les âmes. (Jn 17, 21)

Dix-septième méditation

Le cœur sacerdotal de Jésus et la pratique de la prudence et de la tempérance

Jésus est modeste, simple et mortifié. Il est pour tous, et particulièrement pour ses prêtres, le modèle de toutes les vertus.

I. Jésus est la modestie même

Il nous met en garde contre nos yeux et contre nos désirs.

« Si votre œil est simple et pur, dit-il, tout votre corps, c'est-à-dire tout votre être est lumineux. Si votre œil est pervers, vous êtes tout entiers dans les ténèbres. » (Mt 6, 22)

« Si votre œil vous scandalise, arrachez-le. Il vaut mieux perdre la vue que d'aller en enfer. » (Mt 18, 9)

« Si quelqu'un jette un regard passionné sur une femme, il est déjà souillé en son cœur. » (Mt 5, 28)

Combien le Sauveur est prudent dans ses relations ! Ses disciples avaient été si frappés de sa modestie habituelle, qu'ils s'étonnent de le voir causer avec la Samaritaine. (Jn 4, 27)

Quand la femme hémorroïsse touche son vêtement, Jésus se plaint qu'on l'ait touché.

Marie-Madeleine est très hardie, elle est si reconnaissante et si aimante ! Mais Jésus la tient à distance : « *Noli me tangere,* ne me touchez pas. »

II. La tempérance

Pour la tempérance, Jésus multiple les conseils et les exemples. « Allez, dit-il à ses disciples, prêchez le règne de Dieu. N'emportez ni or ni argent. Confiez-vous en la Providence. Si on ne vous reçoit pas, secouez la poussière de vos chaussures, et passez plus loin... Je bénirai ceux qui vous recevront en mon nom, ne vous eussent-ils donné qu'un verre d'eau... Ayez confiance, Dieu a soin des moineaux, il aura soin de vous. » (Mt 10)

Et encore : « Vous ne pouvez pas chercher à la fois Dieu et l'argent. Ne soyez pas inquiets de ce que vous mangerez, ni des vêtements que vous porterez. Dieu nourrit les oiseaux et donne aux fleurs leur vêtement. Laissez les païens vivre pour l'argent. Votre Père céleste sait ce qu'il vous faut. Cherchez avant tout le règne de Dieu et sa justice, et le reste vous viendra par surcroit. » (Mt 6, 24)

Jésus met en pratique ce qu'il conseille. Il va par les villes et les campagnes prêchant le règne de Dieu.

Ses douze apôtres sont avec lui.

Ils portent peu de chose avec eux : quelques provisions pour manger dans les lieux déserts, et une petite bourse plutôt pour faire l'aumône que pour acheter des vivres. De braves gens leur offrent le nécessaire. Il y a aussi quelques bienfaitrices.

Quelques femmes qu'il avait guéries, dit S. Luc, Marie-Madeleine, Jeanne, femme de Chusa procureur d'Hérode, Suzanne et plusieurs autres suivaient le Maître et ses apôtres pour les entendre, et elles les aidaient de leurs biens. (Lc 8, 2-3)

III. La mortification

On peut rappeler ici le grand jeûne de Notre-Seigneur, ses quarante jours au désert.

Quel exemple ! quelle mortification !

Notre-Seigneur conseillait aussi le jeûne, mais en recommandant de n'en pas faire ostentation comme faisaient les Pharisiens. (Mt 6, 16)

Et pendant toute sa vie, quelle sobriété ! Nous le voyons vivant de pain d'orge et de poisson frais ou séché. Il a adopté le modeste régime des pêcheurs de Galilée, ses disciples.

L'Évangile nous révèle ce qu'il y avait dans le panier aux provisions du collège apostolique : cinq pains d'orge et deux poissons. (Jn 6, 9) Une autre fois, il y a sept pains et quelques petits poissons, *paucos pisciculos.* (Mt 15, 33) Or ces poissons du lac de Tibériade sont surtout riches en arêtes et ils sont peu appétissants. Tel était le luxe de table de Notre-Seigneur.

Jésus ressuscité n'est pas plus exigeant, saint Jean nous le montre préparant, pour lui et ses apôtres, un poisson grillé sur les braises et du pain. (Jn 21)

Saint Luc nous le montre mangeant un morceau de poisson rôti et du miel. (Lc 24)

Il savait aussi jeûner et ajourner ses repas, quand les occupations de l'apostolat l'exigeaient.

Á Samarie, il est fatigué, il a faim. Ses apôtres le pressent de manger. Il ne le fait pas, il est trop occupé à convertir la Samaritaine. « J'ai, leur dit-il, une nourriture à manger que vous ne connaissez pas... ma nourriture est de faire la volonté de mon Père. » (Jn 6, 32)

Au début de sa vie publique, il est si entouré par les malades, qu'il n'a pas même la facilité de manger un morceau de pain. (Mc 3, 20) Tout son régime de vie est à l'avenant de sa nourriture.

Il doit être le plus souvent comme en dortoir avec ses apôtres, souvent il couche sur la terre nue, sans avoir même une pierre pour relever sa tête. (Mt 8, 20) Parfois il dort sur les planches de la barque de Pierre au milieu du bruit et de l'agitation des apôtres.

Quelle simplicité ! L'humble prêtre de la campagne est mieux logé et mieux nourri. Le missionnaire des pays sauvages se rapproche davantage du régime choisi par le Sauveur.

Les vertus du bon Maître seront l'objet de nos méditations quotidiennes. Il est le modèle aimable, parfait et toujours doux à contempler.

Dix-huitième méditation

Le cœur sacerdotal de Jésus et les relations mondaines

Édifier et répandre des bienfaits, tel est le but des relations extérieures de Jésus. Nous pouvons le considérer dans ses rapports avec ceux qui sont étrangers à la foi juive, puis dans ses rencontres avec ses amis et avec ses ennemis.

I. Ses relations avec ceux qui sont étrangers à la foi juive

Plusieurs fois il est en relations avec des étrangers à la foi nationale, avec des païens, avec des samaritains schismatiques. Il les gagne à la vérité par ses bienfaits et par sa sainteté. Il n'a cependant pas de succès auprès de Pilate, qui est prévenu par l'orgueil et par l'intérêt.

Voici d'abord le centurion de Capharnaüm. Il est païen, mais il est honnête et bon. Il a même fait construire une synagogue pour les juifs. C'est un homme droit et humble. Il a entendu parler des miracles de Jésus, il lui fait demander la guérison de son serviteur. Jésus veut se rendre chez lui. Le centurion prononce cette parole historique : « Je ne suis pas digne que vous entriez dans ma maison. » Jésus guérit son serviteur sans aller plus loin et il exalte la foi de ce centurion : « Je n'ai pas trouvé une aussi grande foi chez les Israélites. »

La Chananéenne est païenne aussi. Elle vient demander la guérison de sa fille. Jésus éprouve sa foi et son humilité. Il ne lui répond pas d'abord, puis il lui dit qu'il n'est pas venu pour les étrangers, mais pour les enfants d'Israël, que le pain de la famille est pour les enfants et non pour les chiens. La pauvre femme est admirable de confiance et d'humilité :

« Les chiens, dit-elle, peuvent bien recevoir les miettes de la table. » Jésus admire la foi de cette femme et guérit sa fille.

Les Samaritains sont des schismatiques. Jésus s'intéresse cependant à la pauvre Samaritaine. A la demande des gens de la ville de Samarie, il passe deux jours parmi eux et plusieurs croient en lui.

Jésus a moins de succès chez Pilate, cet homme a peur de déplaire à César et de perdre sa haute situation. Il refoule les grâces de foi qui lui viennent, et il condamne le Sauveur malgré sa conscience.

Soyons toujours dignes et bons dans nos rapports avec les gens étrangers à notre foi, envers les incrédules contemporains.

II. Relations avec les personnes amies

Considérons maintenant Jésus dans ses rapports avec les personnes amies et bienveillantes. Partout il répand des bienfaits et il élève les âmes vers Dieu.

Voici d'abord les noces de Cana. Jésus y assiste parce qu'il a des liens de parenté avec les époux. Marie et lui sont attentifs aux besoins de cette famille et leur bonté se témoigne par un beau miracle.

Quand Jésus appelle Mathieu Levy à l'apostolat, il accepte chez lui un repas ; c'est pour semer un peu de vérité dans un milieu de publicains et de mondains.

Il accepte aussi l'invitation de Zachée, mais quelle générosité il lui inspire ! Zachée donne la moitié de ses biens aux pauvres et répare au quadruple les torts qu'il a pu causer.

Le repas chez Simon de Béthanie est très important. Jésus voulait justifier Madeleine et recevoir l'onction qui devait présager sa sépulture prochaine. Il est bienveillant pour Simon, mais il lui donne aussi d'utiles leçons en mettant son orgueil pharisaïque en opposition avec l'humilité de Madeleine.

Jésus accueille le pharisien Nicodème qui vient le voir un soir pour voiler son respect humain. Jésus l'instruit et le prépare à la foi.

On peut enfin considérer Jésus chez ses amis de Béthanie. Comme il aime cette famille ! Il convertit Madeleine, il encourage Marthe, il pleure la maladie et la mort de Lazare et il le ressuscite.

Il n'est pas défendu au prêtre d'avoir des amitiés pures et surnaturelles.

III. Contradicteurs et persécuteurs

Jésus n'aurait pas dû avoir d'ennemis. Il en a eu cependant. Les prêtres en ont aussi. Jésus leur a dit : « Je vous envoie comme des agneaux parmi les loups. »

Les principaux ennemis de Jésus furent les pharisiens, les puritains d'alors, des gens qui avaient la prétention d'être de grands observateurs de la loi, et qui étaient au fond orgueilleux, jaloux, avares et souvent corrompus.

Ils sont scandalisés de voir Jésus aller au peuple et prêcher la simplicité, l'humilité, le détachement des biens de la terre.

Ils font tout pour enlever à Jésus sa popularité qui leur porte ombrage. Ils reprochent à ses disciples de manger quelques épis. Ils blâment Jésus de guérir les malades le jour du sabbat.

Ils lui amènent la femme adultère, pour voir s'il la condamnera. (Jn 8)

Toutes leurs ruses sont déjouées et Jésus garde l'amitié du peuple. Les Hérodiens, les politiciens de ce temps-là, voudraient aussi faire échec à la popularité de Jésus. Ils viennent lui demander s'il faut payer l'impôt à César.

Jésus a répondu à tous avec dignité, mais la haine est tenace. Ils s'uniront tous pour perdre Jésus.

Nous avons des ennemis et nous en aurons toujours. Opposons-leur tantôt le silence, tantôt une réponse digne et calme. S'il faut souffrir la persécution, nous serons unis à Jésus et nos souffrances porteront leurs fruits.

Jésus est en tout notre modèle. Il a pour tous des vues de salut. Il est bon pour les étrangers afin de les gagner. Il est bon pour ses amis par la charité naturelle à son divin Cœur. Il est ferme et sévère vis-à-vis des contradicteurs et persécuteurs pour les amener à réfléchir et à se convertir.

Dix-neuvième méditation

Le cœur sacerdotal de Jésus et la famille

Jusqu'à l'âge de trente ans, Jésus vit avec sa famille ; il travaille, il prie avec elle, il est obéissant et affectueux.

I. Nazareth

Depuis son retour d'Égypte jusqu'à sa vie publique, il vit à Nazareth. C'est un fils d'ouvrier, *faber et fabri filius*[1] *;* c'est le fils de Marie. Il travaille le bois avec saint Joseph, il fait des jougs pour les attelages de bœufs et des charrues pour labourer la terre.

Sa famille est à Nazareth et à Cana. Son oncle Cléophas, sa tante et ses cousins habitent Nazareth, il les voit, il est affectueux pour tous. C'est connu. Quand il commencera à prêcher à Nazareth, les habitants diront : N'est-ce pas le charpentier, le fils de Marie, le frère ou cousin de Jacques, de Joseph, de Juda et de Simon ? (Mc 6, 3)

---

[1] - *Ouvrier, fils d'ouvrier.*

Marie Salomé, mère de Jacques le Majeur et de Jean, est aussi une de ses cousines, elle semble avoir habité Cana.

On est uni dans la famille de Jésus. Marie sa mère a été se dévouer pendant trois mois au service de sa parente Elisabeth.

Jésus et Marie assistent aux noces d'un parent à Cana. Avec quelle sollicitude Marie veille à ce qu'il ne manque rien au repas des noces ! Elle va jusqu'à solliciter de Jésus un miracle.

Jésus a fermé les yeux à saint Joseph, son père adoptif, avant de s'adonner à sa vie publique.

Le prêtre doit être bon fils et bon parent. Pour prêcher avec fruit le quatrième précepte : « Tes père et mère honoreras », il faut qu'il l'ait accompli lui-même.

II. La séparation

Mais le temps vient où le prêtre et sa famille doivent faire le sacrifice de se quitter.

Jésus a laissé sa famille pendant quelques jours à l'âge de douze ans. C'était d'abord parce qu'il devait préluder à sa mission future en appelant l'attention des prêtres sur le prochain accomplissement des prophéties ; mais c'était aussi pour montrer aux familles chrétiennes qu'elles doivent donner volontiers leurs fils aux séminaires, grands et petits.

Vient ensuite l'heure de sa vie publique, Jésus quitte Nazareth et va où son ministère l'appelle. Il quitta Nazareth, dit saint Mathieu, et il vint habiter à Capharnaüm, au bord de la mer de Tibériade (Mt 4, 12-13). Et Capharnaüm devint sa seconde patrie.

Il a maintenant une famille nouvelle, ce sont ses disciples et toutes les âmes qu'il doit évangéliser. Sa famille naturelle ne doit pas lui être un obstacle. Un jour, à Capharnaüm, on lui dit : « Voici votre mère et vos frères ou cousins qui viennent vous parler. » – « Qui sont, dit-il, ma mère et mes frères ? ce sont mes disciples, ce sont ceux qui croient en moi et qui font la volonté de mon Père. » (Mt 12, 48)

Le prêtre ne doit pas permettre que sa famille le distraie de son ministère.

S'il a une vocation religieuse, il doit se séparer encore plus complètement des siens, pour être tout entier au service de son Père céleste : « *In his quae Patris mei sunt, oportet me esse[1]. »* (Lc 2, 49)

Celui qui quittera son père, sa mère, ses frères, pour le service de Dieu, recevra le centuple et la vie éternelle. (Mt 19, 29)

---

[1] *- Je dois être auprès des choses qui sont à mon Père.*

III. L'apostolat auprès de sa famille

Jésus se fait l'apôtre de sa famille, il fait en sorte qu'elle soit comblée de grâces.

Il n'était pas encore né, qu'il a porté des grâces de choix à saint Jean-Baptiste et à ses parents, Zacharie et Elisabeth.

Il a sanctifié ses grands-parents, sainte Anne et saint Joachim.

Il a élevé sa mère au-dessus de tous les saints. Il a comblé saint Joseph de grâces.

Ses tante et cousine, Marie de Cléophas et Marie Salomé sont au nombre des saintes femmes qui se dévouent au Collège apostolique et qui suivent Jésus jusqu'au Calvaire.

Ses cousins, Jacques le mineur et Jude, Jacques le majeur et Jean sont apôtres. Simon sera évêque de Jérusalem après l'apôtre Jacques ; Joseph, l'autre cousin sera proposé à l'apostolat avec saint Mathias et deviendra évêque d'Eleutheropolis.

Toutefois, s'ils ont des faveurs et des grâces, il faut qu'ils les méritent et qu'ils y correspondent. Le lien du sang ne suffit pas.

Salomé voudrait que ses deux fils, Jacques et Jean, aient le premier rang dans le royaume de Dieu, parce qu'elle est parente de Jésus. Mais Jésus lui répond qu'il ne s'agit pas là de favoritisme naturel et qu'ils n'auront un rang élevé au

I. Sa religion

La religion est une vertu spéciale qui a pour objet le culte de Dieu ; mais dans la vie surnaturelle, elle s'incorpore, pour ainsi dire, les vertus de foi, d'espérance et de charité (S. Thomas, *2a 2ae* q. 101. a. 3). Elle commande à toutes les autres vertus en les rapportant toutes à Dieu.

La religion donne à Dieu tout ce qui lui est dû, autant que la créature peut le faire ; elle donne aux créatures ce qu'elles ont à recevoir de nous, mais pour l'honneur et l'amour de Dieu. De sorte qu'en vérité, la religion embrasse tout, parce qu'elle nous détermine à ne rien penser, vouloir ou faire pour nous, mais pour Dieu. (1 Co 10, 1)

Par la religion, la créature n'a de regard que pour Dieu, pour l'adorer, le bénir, le louer, le prier, le dédommager, le contenter, le satisfaire, étendre son règne, faire connaître et sanctifier son nom, soumettre à sa volonté l'univers entier.

La religion est donc le principe de toute la vie spirituelle, de tout ce que nous faisons pour répondre aux desseins de Dieu.

Par cette grande vertu de religion, la créature reconnaît n'exister que pour se référer à Dieu : « Ne saviez-vous pas, dit Notre-Seigneur, que je devais être à ce qui est de mon Père ? » (Lc 2, 49)

«Mon Père, disait-il, cherche des adorateurs en esprit et en vérité. » (Jn 4, 23) Il était lui le véritable adorateur et celui que son Père cherchait.

Jésus manifestait sa religion dans ses prières intimes, dans la prière commune à la synagogue et au Temple, dans les sacrifices, dans les solennités annuelles. Entrons dans son esprit de religion, particulièrement au saint office et à la messe.

II. Adoration et amour

Le Cœur sacerdotal de Jésus était bien l'organe de la parfaite adoration. « Sa vie, dit le Père Faber, était une vie d'une incomparable adoration rendue à son Père, une vie d'humble soumission au Créateur de sa sainte humanité, une vie de profond respect pour Dieu dont il voyait les perfections dans toute leur splendeur ; en un mot, c'était un culte véritable qui avait sa raison d'être dans le sentiment qu'avait Jésus du néant de son âme humaine... Chacune des affections de son Cœur Sacré avait un prix infini ; et, comme elles étaient innombrables, il est permis de dire qu'il rendait à chaque instant à Dieu un culte infini de gloire. » (Le Saint Sacrement, livre II, sect. 3)

Adorer avec pleine connaissance de ce que Dieu est, et avoir le désir intime, insatiable, de lui donner tout ce qui lui est dû ; ne voir que son Être qui est tout, et n'avoir de mouvement que pour s'humilier et s'anéantir en sa présence, afin d'honorer la majesté et l'infinité de cet être, qui est seul l'être véritable, c'était l'état, les dispositions toujours actives, l'acte incessant et inexprimablement amoureux du Cœur sacerdotal de Jésus.

Acte amoureux, car finalement la religion, c'est l'amour. La religion opère dans l'amour, s'achève et se consomme dans l'amour. L'amour est sa forme, sa beauté, son être. C'est l'amour qui adore, c'est l'amour qui loue, bénit, supplie, expie et, en s'anéantissant, trouve l'union avec l'Être qui est son tout. « Le culte, dit saint Augustin, est tout amour : *Non colitur Deus nisi amando.* » (Eph. 140, chapitre 18)

La religion extérieure de Jésus-Christ n'était qu'une manifestation des sentiments de son cœur, de son respect, de sa reconnaissance, de son amour, de son zèle pour son Père. Il passait la nuit dans la prière ; – il levait les yeux vers son Père ; – il déclarait qu'il ne vivait que pour son Père ; – ce qui plaisait à son Père, c'est ce qu'il faisait toujours. – Il disait encore : « Il faut que le monde sache que j'aime mon Père ; si je donne ma vie, c'est que j'en ai reçu le commandement de mon Père. » – Après l'institution de l'Eucharistie, il dit un hymne avec ses apôtres. – Au jardin des Olives, il est prosterné devant la face de son Père, il prie longuement en disant toujours la même parole : « Mon Père, si c'est possible, que ce calice s'éloigne de moi ; cependant que votre volonté soit faite et non la mienne. » – Avant d'expirer, il dit à son Père : « Je remets mon esprit entre vos mains. »

Quelle religion !... Ces hommages extérieurs sont l'expression très fidèle de l'hommage intérieur de tout son Cœur à la volonté, aux décrets, aux desseins de Dieu son Père.

III. Jésus nous offrait avec lui

Mais Jésus n'adorait pas pour lui seul. Tout ce que Jésus, notre prêtre, a fait en lui-même, il l'a fait à la fois pour lui-même et pour nous, en notre nom, en notre place, en notre faveur, comme ne faisant qu'un avec nous, sans jamais s'isoler de nous, nous prenant toujours avec lui, et cela indissolublement parce qu'il n'est en quelque sorte complet qu'en nous, selon une expression très extraordinaire de saint Paul : « *Ecclesia, quae est corpus ipsius et plenitudo ejus.[1]* » (Ep 1, 23)

Or, il résulte de cette magnifique et touchante doctrine, que Notre-Seigneur, prêtre et hostie d'adoration, de louange, de très parfaite religion, devant la Majesté de son Père, durant toute sa vie, sur la croix, au ciel, au saint autel, nous fait prêtres et hosties comme lui, avec lui et en lui. Car il est le Chef, le Roi de toute créature. Il se fait notre représentant, notre suppléant. En son cœur sacerdotal, il abaisse nos âmes devant son Père. Puis il les élève vers son Père. Rien n'est obstacle à l'exercice de cette sacrificature. Sa religion embrasse tout, tous les lieux et tous les temps : immense oblation, universelle louange,

---

[1] - *L'Eglise qui est son corps et sa plénitude.*

culte suprême offert à Dieu au nom de tout ce qui n'est pas Dieu.

Mais il unit tout particulièrement à son sacerdoce les âmes ornées de la grâce. Non seulement il les offre, mais il veut qu'elles s'offrent avec lui et que toute leur vie de foi soit une sorte de sacerdoce ; il en fait une race consacrée et un sacerdoce royal : « *Gens sancta, regale sacerdotium[1].* » (1 P 2, 9)

Combien plus encore il s'unit les prêtres de la nouvelle loi ! Il en fait ses consacrificateurs. Il s'offre par leurs mains et par leurs lèvres. Est-il besoin de dire combien leur cœur devrait être uni au Cœur sacerdotal du Christ ? Leur religion devrait imiter sa religion. Leur cœur devrait dire le même hymne d'adoration et de louange.

La religion de Jésus est toute amour : « Il faut que le monde sache que j'aime mon Père ! » (Jn 14, 21) Il y a dans son cœur des flammes de charité qui s'élèvent sans cesse vers son Père et dont les ardeurs le consument. Il veut que ces flammes gagnent nos cœurs, à nous surtout ses prêtres. Donnons au Cœur de Jésus la satisfaction qu'il veut avoir. Partageons avec lui sa religion d'amour envers son Père.

L'adoration, qui est le premier acte de son sacrifice, est une adoration toute aimante. La nôtre doit l'imiter.

---

[1] *- Une race sainte, un sacerdoce royal.*

Vingt-cinquième méditation

Le cœur sacerdotal de Jésus
en face des persécutions et des épreuves

Le prophète qui a le mieux entrevu la vie du Rédempteur, Isaïe, nous l'a dépeint sous les traits d'un homme voué à la douleur et aux épreuves : « *Virum dolorum et scientem infirmitatem[1].* » (Is 53, 3) Nous ne serons pas non plus exempts d'épreuves.

I. Les tristesses de Jésus

Nous lisons deux fois dans l'Évangile que Jésus a pleuré et nous y lisons une seule fois qu'il *se réjouit dans le Saint-Esprit.* (Lc 10, 21)

Il pleura au tombeau de Lazare et sur l'ingrate Jérusalem. Il se réjouit en rendant grâces à son Père de ce qu'il avait révélé les mystères de son royaume aux humbles et aux petits.

---

[1] - *Homme de douleur, familier des souffrances.*

Le prêtre aussi aura plus de sujets de tristesse que de joie, le disciple n'est pas au-dessus de son maître.

Si son œil éclairé par la foi lui découvre la laideur des péchés qui se commettent dans le monde et s'il a un cœur assez compatissant pour s'émouvoir à l'aspect des désastres que le péché et la mort produisent dans les corps et dans les âmes, le prêtre prendra nécessairement sa part des angoisses de notre divin Rédempteur.

Mais trente-trois années de peines intérieures, mêlées de souffrances physiques et d'épreuves n'eurent pas pour effet de rendre notre divin Maître morose ou mélancolique. Les fruits du Saint-Esprit le remplissaient dans toute leur plénitude, et ces fruits sont « la charité, la joie et la paix. » (Ga 5, 22) Jamais visage humain ne rayonna de l'amour divin et d'une joie céleste comme le visage de l'Homme-Dieu. Et nous ne ressemblerions pas à notre Maître, si notre esprit était sombre et notre voix lugubre.

II. Le péché

La plus grande peine intérieure de Jésus, celle qui ne l'abandonna jamais durant sa vie mortelle, ce fut d'être, lui la sainteté même, en contact quotidien avec les péchés de la terre. Quand il jetait les regards sur le travail de déformation et de dégradation que le péché accomplissait dans l'œuvre de Dieu, il souffrait cruellement.

Le prêtre a une cause de souffrance que n'avait pas Jésus, c'est la vue de sa propre indignité. Que dirons-nous de nous-mêmes, si saint Paul a pu dire : « Je rends grâces à celui qui m'a fortifié, au Christ Jésus qui m'à établi dans son ministère, moi qui étais auparavant blasphémateur, persécuteur et insulteur. » (1 Tm 1, 12)

Quand je me rappelle ce que j'étais, comment osé-je ouvrir la bouche pour annoncer la parole de Dieu ? Lorsque je mets les hommes en garde contre le péché, comment ne me disent-ils pas : « Médecin, guéris-toi toi-même ? » Lorsque je leur parle de leurs fautes, je les entends me dire : « Tu as une poutre dans ton œil » et, comme dit saint Grégoire, un ulcère sur la face. Et quand je prêche l'amour de Dieu, le dévouement et l'abnégation, une voix me dit intérieurement : « Tu n'es qu'un mur blanchi. »

Mais si le prêtre a au cœur l'amour de Dieu, il ne souffrira pas seulement de ses propres faiblesses, mais aussi de celles de tout son troupeau. Les péchés qui se commettent autour de nous, les ravages et les ruines que Satan opère sous nos yeux parmi les hommes, ce spectacle nous sera un cuisant et incessant sujet d'affliction.

Le péché s'étend comme une lèpre dans les âmes et dans les familles. La tiédeur des bons nous est aussi une amertume. Ils pourraient faire tant de bien et ils languissent ! L'égoïsme, l'esprit de critique dessèchent les âmes et entravent les œuvres.

Il y a une tristesse plus amère encore, c'est la perte d'une âme sacerdotale, c'est la chute profonde d'un confrère, c'est pour nous la honte, le déchirement du cœur et comme la mort de la moitié de nous-mêmes. Le Sauveur n'a-t-il pas eu son Judas ?

III. La calomnie

Jésus a subi aussi la calomnie. Il fut rejeté par les hommes, qui se voilaient la face en se détournant de lui comme s'ils rougissaient de le reconnaître. Il fut accusé faussement comme jamais homme ne l'a été après lui. On l'appela Samaritain et on fit courir le bruit qu'il était possédé du démon. C'était, disait-on, « un homme de bonne chère et un buveur de vin, un ami des publicains et des pécheurs ». C'était un imposteur, un séducteur, un séditieux. Etre soupçonné et accusé de péché fut pour le Sauveur une indicible humiliation.

Le prêtre faussement accusé souffre aussi horriblement.

Ceux qui accusaient Jésus et voulaient le précipiter de leurs rochers et le mettre à mort, avaient été comblés de ses bienfaits. Tout prêtre doit être prêt à subir la même ingratitude.

Que de bons prêtres, dont la conduite est critiquée, censurée, accusée, condamnée ouvertement ou en secret ! Leurs amis même s'éloignent d'eux. Leurs frères même dans le sacerdoce, leurs supérieurs peut-être accordent créance à la calomnie. Ils sont en cela, comme dans leur dignité et leur ministère, l'image vivante du Sauveur.

Enfin le divin Maître mourut sous une vraie tempête de fausses accusations. Il était délaissé de ses amis eux-mêmes.

« Mes bien-aimés, dit saint Pierre, ne soyez pas surpris du feu ardent qui sert à vous éprouver, mais participant ainsi aux souffrances du Christ, réjouissez-vous et à la révélation de sa gloire vous partagerez aussi son allégresse...» (1 P 4, 12)

Vingt-sixième méditation

Le cœur sacerdotal de Jésus et les devoirs de la vie sociale et de l'action populaire

Le Cœur sacerdotal de Jésus a aimé tendrement sa patrie. Il a goûté et rempli le devoir civique et nous a invité à faire de même.

I. Le patriotisme et le devoir civique

Jésus a aimé Nazareth. Il a essayé de la gagner. Repoussé par ses habitants, il ne l'a pas maudite. (Mc 4, 4)

Il a aimé Capharnaüm, qu'il avait adoptée pour son séjour, et pour y exercer son premier ministère. Il l'a comblée de faveurs et il a pleuré son ingratitude. (Lc 4, 23 et 10, 15)

Combien il a aimé Jérusalem ! Quand il descendait de Béthanie, il s'arrêtait sur le penchant du Mont des Oliviers et il pleurait en contemplant la ville ingrate qui allait subir le siège le plus rigoureux que l'histoire ait enregistré, et le beau temple qui allait être détruit. (Mt 23, 37)

Jésus nous enseigne à remplir notre devoir civil et politique : « Rendez à César ce qui est à César. » (Mt 22, 21) « Payez l'impôt comme les autres. » (Mt 17, 27)

Saint Paul commente le mot de Jésus : « Rendez à César ce qui est à César. » – « Tout pouvoir vient de Dieu. Obéissez à l'autorité. Les princes sont les ministres de Dieu pour le bien. Payez les impôts et les taxes. Honorez les autorités. » (Rm 13, 1)

Il y a une exception, bien entendu, c'est le cas où l'autorité civile ordonnerait des choses qui seraient manifestement contraires à la loi de Dieu : « On doit obéir à Dieu plutôt qu'aux hommes.. » (Ac 5, 29)

Soyons donc de bons citoyens, dévoués à la patrie et à tous ses intérêts moraux et matériels. Ne soyons pas des hommes de partis. Les pharisiens voulaient pousser Jésus dans cette voie. « Peut-on, lui disaient-ils, obéir à César (qui est un usurpateur et un tyran) ? » Jésus leur montra la monnaie et leur dit : « Qui est-ce qui règne ici ? C'est César, obéissez à César. »

II. Le Cœur de Jésus et les classes populaires

Le Cœur sacerdotal de Jésus a été particulièrement dévoué aux classes populaires.

Le monde était à renouveler. A Rome, l'esclave était comme une bête de somme. Dix millions de citoyens étaient servis par cent millions d'esclaves. En Palestine, les pharisiens étaient hautains et sans cœur.

Un Dieu seul pouvait dire aux hommes : « Vous êtes tous frères. » (Mt 23, 8) « Aimez-vous les uns les autres. » (Jn 15, 12)

C'est la mission de Jésus, c'est sous cet aspect que les prophètes nous l'ont présenté : « Il sera pénétré de l'Esprit de Dieu, il apportera la bonne nouvelle aux petits et aux humbles, il remédiera à toutes les infortunes, il prêchera le grand jubilé, avec la remise des dettes et le relèvement des pauvres. » (Is 61, 1)

Toute la réforme économique et sociale est en germe dans les principes qu'il pose : la paternité divine et la fraternité de tous les hommes. Il donne l'exemple de la simplicité et du travail. Il choisit l'atelier pour sa demeure, les bergers pour ses premiers adorateurs. Il est ouvrier et fils d'ouvrier. Voyez-le à Nazareth avec le tablier et les outils du charpentier. Il fait fi de la richesse, du luxe et des honneurs.

Il réclame pour les ouvriers la justice, le respect, l'affection fraternelle.

1° La justice. — « L'ouvrier a droit à son salaire, à son pain, à ce qu'exige sa vie quotidienne : *Dignus est operarius mercede sua, cibo suo.*[1] » (Mt 10, 10 ; Lc 10, 7)

Saint Jacques développe ce précepte : « *Riches avares,* s'écrie-t-il, vos trésors vous attireront la colère de Dieu. Vos ouvriers ont peiné sur vos champs et vous ne leur donnez qu'un salaire tardif et insuffisant. » (Jc 5, 4)

2° Le respect. – « Bienheureux ceux qui sont doux, pacifiques et miséricordieux. » (Mt 5) – « Celui qui n'a pas soin de ses serviteurs est plus méprisable qu'un païen. » (1 Tm 5, 8)

3° L'affection fraternelle. – «Vous êtes tous frères. » (Mt 23, 8) « Il n'y a pas à faire de distinction chez vous entre esclaves et hommes libres. *Non est servus neque liber*[2]. » (Ga 3, 28) « Aimez et pratiquez la fraternité. » (1 et 2 P ; 1 Th 4, 9)

III. L'Église et le peuple

L'Église en s'inspirant du Cœur sacerdotal de Jésus, a libéré les esclaves. Elle a élevé les esclaves par degrés au servage, au prolétariat ; elle les conduira à la participation, à la coopération, à l'égalité civique.

Elle a organisé les communes, les corporations, les ordres rédempteurs.

---

[1] - *L'ouvrier a droit à son salaire, à sa nourriture.*
[2] - *Il n'y a ni esclave ni homme libre.*

Avec saint François, elle a soustrait le peuple aux duretés du droit féodal.

Elle a remédié au prolétariat par les œuvres, les orphelinats, les hospices, les sociétés de charité.

Trajan et Marc-Aurèle soumettaient les esclaves et les vaincus aux travaux forcés et aux luttes de l'amphithéâtre. Voltaire et les philosophes se raillaient du peuple qui n'était bon qu'à manger du foin. Le Christ et les apôtres promulguaient la fraternité universelle.

Ô prêtres, adonnez-vous aux œuvres anciennes et nouvelles. Aidez la presse populaire.

Favorisez les cercles d'études, les conférences, les retraites qui forment des apôtres.

Allez au peuple par la méthode apostolique unie à la méthode administrative.

Allez au peuple par la revendication de la justice et du droit en sa faveur.

Allez au peuple en favorisant ses intérêts, ses récréations honnêtes. « Pour tout ce qui touche à la fraternité, dit saint Paul aux Thessaloniciens (1 Th 4), cela ressort tellement de l'Évangile que j'ai à peine besoin de vous en parler. »

Vingt-septième méditation

Le cœur sacerdotal de Jésus
et le sacrifice eucharistique

L'auguste sacrifice de l'autel a trois phases : sa préparation, sa célébration et l'action de grâces.

Le Cœur sacerdotal de Jésus nous servira de modèle pour toutes les parties du sacrifice.

I. La préparation

Jésus s'est préparé dès son incarnation. Il se considérait comme le pain de vie. Sa chair et son sang étaient destinés au sacrifice. Il était l'agneau de Dieu, voué à l'immolation.

Quand il allait au temple, aux jours de fête légale, il lui pesait de voir durer les figures inefficaces du sacrifice rédempteur. Son Cœur brûlait du désir de voir succéder la réalité à la figure. Il exprimait au Cénacle ce désir de toute sa vie : « J'ai désiré manger cette pâque avec vous. »

Il prélude au sacrifice eucharistique par le changement de l'eau en vin et par la multiplication des pains.

Il en parle longuement dans le beau discours que saint Jean nous rapporte en son chapitre sixième. « Je suis le pain de vie, dit-il. La manne n'était qu'une figure, elle ne donnait pas la grâce, la vie surnaturelle. Vous mangerez mon corps et mon sang, ils nourriront en vous la vie de l'esprit et ils vous prépareront à la résurrection... »

La préparation éloignée n'est pas tout ; quand vient le moment de célébrer le sacrifice eucharistique et d'instituer la communion, Jésus multiplie les actes de préparation prochaine.

Il a prêché pendant plusieurs jours la pénitence et les jugements de Dieu à ses disciples. Il a proposé à leurs méditations les paraboles des vierges et des talents et l'annonce de la destruction de Jérusalem et du jugement dernier. Il leur a offert l'exemple de l'humble pénitence de Marie-Madeleine au repas chez Simon.

A la dernière heure, il leur montre par l'étonnante cérémonie du lavement des pieds quelle pureté exige la célébration de la messe et de la communion.

Et nous, comment nous préparons-nous ? Quelles sont nos dispositions éloignées et prochaines ? Peut-être hélas ! l'indifférence, la froideur, la distraction !

II. La célébration

C'est pour nous indiquer la splendeur et la dignité qu'il faut donner au culte eucharistique que Jésus charge Pierre et Jean de préparer et d'orner le cénacle.

Au moment venu, après la cène figurative, il procède avec un ensemble de détails précis qu'il a fait reproduire par les évangélistes et par saint Paul. Il institue la liturgie.

Avant de communier ses apôtres, il les jette dans une sainte crainte. Il leur annonce qu'un d'eux le trahira. Pierre et les autres renouvellent leurs protestations de fidélité.

Saint Jean communie avec plus de ferveur et d'amour, lui seul tiendra ses serments jusqu'au bout.

Comment célébrons-nous la sainte messe ? Prenons-nous soin de la dignité des autels et des ornements sacrés ? Avons-nous le souci de l'exactitude liturgique ?

Nos âmes sont elles pénétrées d'une sainte crainte ? Avons-nous la ferveur de saint Jean ?

« Que tous s'éprouvent, dit saint Paul, avant de prendre part au festin eucharistique, car celui qui communie indignement mange sa propre con-damnation. » (1 Co 11, 27)

III. L'action de grâces

Jésus fait son action de grâces et la fait faire à ses disciples. Il récite un hymne avec eux.

Il leur suggère des résolutions. Il les prépare aux épreuves prochaines. « Vous serez scandalisés à mon sujet », leur dit-il. Il les prémunit contre le découragement. « Il faut que je m'en aille. » Il parlait de sa mort, mais il ajoutait : « Je reviendrai et je vous donnerai le Saint-Esprit. »

Après cette action de grâces, assez agité, Jésus descend vers Gethsémani avec ses disciples pour prier encore. Sur le chemin, il épanche son cœur. Ce sont comme des jets de flamme qui s'échappent de ce Cœur tout brûlant. Saint Jean seul en a bien compris le sens[1]. Les autres évangélistes n'ont pas su le reproduire.

« Je suis la vigne et vous êtes les rameaux, (la même sève circule dans nos veines)... Demeurez en moi, et moi en vous... Comme mon Père m'a aimé, je vous aime. Demeurez dans mon amitié... Vous êtes mes amis, je vous ai révélé les secrets de mon Père... Aimez-vous les uns les autres...

« Vous serez persécutés comme moi ; le disciple n'est pas au-dessus du Maître... Le monde vous haïra. On vous expulsera de vos sanctuaires. On désirera votre mort. Je vous pré-

---

[1] - *cf. Jn 14-17.*

viens, afin que vous ne soyez pas scandalisés... Je vous enverrai mon Esprit qui vous fortifiera... »

Après ce discours, qui présageait les lumières que nous recevons dans l'action de grâces, Jésus se mit à prier son Père pour ses disciples : « Mon Père, glorifiez votre Fils, fécondez son œuvre. Donnez-lui le pouvoir de faire connaître votre nom et de répandre la vie de la grâce... Je vous prie en particulier pour ceux que vous m'avez donnés pour disciples. Conservez-les dans l'union entre eux et avec vous. Qu'aucun ne se perde, sauf le fils de perdition. Sanctifiez-les, conservez-les... Je veux qu'ils soient avec moi, qu'ils voient et partagent ma gloire et que vous les aimiez comme vous m'aimez... »

Ô Jésus, comme vous aimez vos prêtres ! Renouvelez votre prière du Cénacle, appliquez-nous-en les fruits. Comme saint Jean, nous nous tenons auprès de vous dans la confiance et l'affection filiales.

Vingt-huitième méditation

Le testament et la mort

Beaucoup de prêtres se préparent peu ou mal à la mort. Ils s'attachent aux choses présentes.

La pensée de la mort pour eux-mêmes leur paraît importune et maussade. Leur testament n'est pas fait. Il est peut-être ébauché et il attend la dernière main. Ce n'est pas ainsi qu'a fait Notre-Seigneur.

I. La préparation à la mort

Notre bon Maître aimait à parler de sa mort prochaine.

« Encore un peu de temps, disait-il, et vous ne me verrez plus. » (Jn 16, 16)

« Vous êtes tristes, ajoutait-il, parce que je vous dis cela. Mais c'est votre intérêt que je m'en aille. Je vais vous préparer une place. Si vous m'aimiez avec plus de discernement, vous ne seriez pas tristes de me voir mourir, parce que je vais à mon Père, pour partager sa gloire... »

Le bon Maître a fait son testament. Il abandonne son âme à son Père : « Mon Père, je remets mon âme entre vos mains. » Il a confié ses disciples aussi à son Père ; il les lui a recommandés afin qu'il les conserve et les sauve tous, excepté le fils de perdition. (Jn 17)

Saint Jean est comme son fils adoptif, il l'a confié à sa mère : « *Ecce filius tuus.*[1] » Marie a besoin d'un soutien, Jésus la confie à saint Jean : « *Ecce Mater tua.*[2] » Après cela *tout est consommé,* il peut mourir.

Sommes-nous prêts ? Pensons-nous souvent à la mort ?

Notre âme est-elle en état de paraître devant Dieu ? Avons-nous pourvu aux nécessités des personnes et des œuvres dont nous sommes chargés ?

II. La mauvaise mort

Jésus meurt sur la croix.

Les deux larrons sont le symbole de la bonne et de la mauvaise mort, et ils en donnent l'exemple.

Des prêtres peuvent faire une mauvaise mort. Dans l'apocalypse, le bon Maître nous montre plusieurs évêques menacés d'une mauvaise mort.

---

[1] - *Voici ton fils.*
[2] - *Voici ta mère.*

Il dit à l'évêque d'Éphèse : « Je sais tes œuvres et tes épreuves, mais j'ai contre toi que tu as déchu de ta charité première... Fais pénitence et reprends tes premières œuvres, sinon je viendrai bientôt et j'ôterai ton chandelier de sa place. »

A l'évêque de Sardes : « Tu passes pour vivant et tu es mort ; réveille-toi, relève tes œuvres qui se meurent, car je ne trouve pas tes œuvres suffisamment pleines de mérites devant mon Dieu. Fais pénitence sinon je viendrai à l'improviste comme un voleur. »

A l'évêque de Laodicée : « Je sais tes œuvres, mais parce que tu es tiède et que tu n'es ni chaud ni froid, je suis prêt à te vomir de ma bouche. Tu te crois riche et tu ne vois pas que tu es pauvre et misérable; achète de moi l'or éprouvé de la ferveur, revêts le blanc vêtement de la pureté et mets un collyre sur tes yeux pour voir. »

Il y a le prêtre coupable, qui est surpris par la mort sans avoir la grâce de se préparer. Bien des années s'écoulèrent, qui furent témoins de ses chutes, de ses retours et de ses rechutes, années qui lui offrirent bien des occasions et des moyens de conversion, qu'il perdit par sa faute ; la racine du mal s'enfonça toujours plus avant dans son cœur, et la conscience cessa de faire entendre sa voix.

Il y a la mort du prêtre négligent, du prêtre tiède et mondain. L'intérêt, la récréation, la vie facile dominent dans son esprit. Le caractère sacerdotal n'est plus guère sensible dans sa vie. Il ne connaît plus la méditation. Il expédie sa messe en vingt minutes sans esprit intérieur. Il en a vite fini avec son action de grâces. Il récite son office sans ponctualité et sans piété. L'administration des sacrements l'ennuie ; le journal, les romans et le jeu sont bien plus intéressants. Quand la mort le surprend, il n'y est pas préparé, et peut-être les derniers sacrements viendront trop tard. N'est-ce pas le figuier stérile, le serviteur inutile qui n'a pas fait fructifier son talent ?

Les âmes qu'il a perdues crient vengeance contre lui.

III. La bonne mort

Il y a enfin, grâce à Dieu, la mort du bon prêtre, du prêtre fervent. Celui-là n'était pas du *monde.* Jamais depuis son ordination, ou si lui aussi a eu son heure de défaillance, jamais depuis sa seconde conversion à son Dieu, il n'a omis d'examiner jour par jour sa conscience et de dresser sévèrement chaque année le bilan de ses œuvres. Il n'a négligé ni la récitation ponctuelle et calme de son office, ni la célébration digne et recueillie de la messe, ni la confession hebdomadaire.

Il s'est donné tout entier, sous le regard de Dieu, à l'accomplissement des devoirs de son ministère.

Quand vient l'heure décisive, tout est calme et paisible dans sa chambre mortuaire. Il craint la mort, parce qu'il sait la sainteté de Dieu et la malice du péché, mais il a confiance dans la miséricorde du Maître qu'il a servi avec dévouement et avec amour.

Le bon Maître l'éclaire sur les dernières mesures qu'il doit prendre, sur la dernière purification de sa conscience.

Le bon prêtre n'est-il pas toujours préparé ? Il pense souvent à la mort. Il s'est dit souvent en se rendant à l'autel : « Cette messe est peut-être ma dernière messe », et en se confessant : « Je vais peut-être recevoir ma dernière absolution. »

Comme Jésus au Calvaire, il peut remettre son âme à Dieu dans la paix et la confiance.

Vingt-neuvième méditation

Le cœur sacerdotal de Jésus et la vierge Marie

La Vierge Marie a été si unie au sacerdoce de Jésus, comment ne le serait-elle pas au nôtre, qui est un avec celui de Jésus ?

I. Marie a été comme l'autel du sacrifice de Jésus

L'autel où fut consommé le grand sacrifice de la rédemption fut la croix. Toutefois, avant l'heure du « *Consummatum est[1]* », Jésus avait commencé son offrande. Saint Paul nous fait pénétrer dans un sanctuaire immaculé, qui est le sein de Marie, et il nous y montre le Fils de Dieu fait homme à l'instant de sa première pensée humaine.

« En entrant dans le monde, il dit : Vous n'avez point agréé les hosties et les oblations, ô mon Père, les holocaustes pour le péché ne vous ont point satisfait ; mais vous m'avez donné un

---

[1] - *Tout est achevé.*

corps, voici que je viens pour faire votre volonté. » (He 10, 5-7)

Ce fut l'offertoire du grand sacrifice ; le sein virginal de Marie servait d'autel.

Au jour de la Purification au Temple Marie présente au prêtre l'Enfant divin, le véritable Agneau de Dieu, qui renouvelle son oblation. Le sacrifice rédempteur n'atteignit sa pleine réalisation qu'au Calvaire mais il se compose de toutes les souffrances endurées par le Sauveur au cours de sa vie mortelle. Dans l'étable de Bethléem, à la Circoncision, sur le chemin de l'exil, dans l'humble maison de Nazareth, je contemple Jésus sur les bras de Marie.

Au Golgotha, c'est la croix qui porte Jésus, mais Marie est présente, et après le sacrifice elle reçoit encore la victime entre ses bras.

Aussi quand je renouvelle à la messe le mystère du Calvaire, quand je tiens dans mes mains l'Hostie qui n'est autre que le corps de mon Sauveur, j'aime à me représenter Marie, là, près de moi, et je dépose doucement dans ses bras celui dont elle reçut les restes inanimés au soir du Vendredi-Saint.

II. Marie participe au sacerdoce de Jésus

Marie n'est pas seulement l'autel du sacrifice, elle participe au sacerdoce de Jésus, non pas seulement au Calvaire, mais même auprès de chacun de nos autels.

Au Calvaire, Marie unissait son offrande à celle du Sauveur. Son Cœur était transpercé par le glaive de la souffrance en même temps que le cœur de son divin Fils était déchiré par la lance. Elle seule offrait avec Jésus la victime réparatrice. Les bourreaux ne savaient pas ce qu'ils faisaient, Saint Jean et les saintes femmes étaient absorbés par la pensée douloureuse de perdre leur bon Maître. Marie seule, debout au pied de la croix, en pleine possession d'elle-même, instruite des grands mystères qui se déroulaient, voyait, dans la mort de son Fils, l'accomplissement des prophéties, la réalisation des figures, le grand sacrifice enfin, qui, grâce à l'invention de l'Eucharistie, devait être bientôt l'oblation pure, offerte à Dieu du levant au couchant pour sanctifier tous les hommes.

Lorsque le prêtre dit la messe, le sacrifice du Calvaire se renouvelle. Comment Marie s'en désintéresserait-elle ? Le vrai prêtre du sacrifice eucharistique est encore Jésus-Christ. Nous sommes, nous, des prêtres subordonnés, des porte-voix de Jésus. Marie n'est point absente, elle s'unit de là-haut à toute la vie eucharistique de Jésus. Elle s'unit donc au prêtre qui est l'ombre de Jésus, son porte-parole. Avec lui, elle adore, elle remercie, elle expie, elle demande.

Et comme elle est la souveraine dispensatrice des dons de Dieu, elle puise et prend, pour les distribuer aux fidèles, dans le trésor infini des mérites de son Fils, les grâces préparées pour être distribuées, dans la mesure de la piété et des besoins des assistants.

Prêtres, si vous aimez Marie, si vous avez en elle une confiance filiale, si vous voulez plaire à son Cœur maternel, à l'autel, à l'heure du sacrifice, pensez à elle ; elle y est et, comme au Calvaire, elle s'unit à son divin Fils pour glorifier Dieu, apaiser sa justice et distribuer ses dons.

III. Marie est unie à l'immolation de Jésus

Marie n'est pas seulement unie au prêtre de l'autel, elle est aussi unie à la victime.

Quand nous disons la messe, nous prêtres, nous n'offrons point comme Melchisédech un pain inerte, un vin qui ne soit que la liqueur tirée du raisin. Sans doute, ce pain et ce vin sont nécessaires pour que le sacrifice ait lieu. Ils sont la matière visible du sacrifice. Mais quand j'ai prononcé les paroles mystiques, j'ai ma véritable victime, une victime d'un prix infini, la matière réelle, quoiqu'invisible du sacrifice, le corps et le sang de Jésus-Christ.

Or, n'est-ce pas Marie, mère de Jésus qui m'a fourni le corps à livrer, le sang à répandre.

La chair du Christ, dit saint Augustin, est la chair de Marie. Le sang qui coula sur la croix et qui coule sur l'autel, a été formé du sang très pur de Marie ; le corps de ma victime a été tiré de sa substance, nourri de son lait virginal.

C'est déjà là une union intime de Marie à la victime. Il y en a une autre. Pénétrons dans le secret du Cœur de Marie. Elle n'a pas été le témoin invisible des douleurs dont s'est composée la rédemption. Le glaive dont parla Siméon, au jour de la Purification, n'était pas un vain symbole. Le Cœur de Marie fut réellement torturé, déchiré. Elle souffrit avec Jésus, et il n'est pas possible qu'elle ne se soit pas offerte avec lui en victime. Les apôtres eux-mêmes ne disaient-ils pas : « Allons mourir avec lui. » (Jn 11, 16)

Les douleurs de Marie ont été comparées pour leur immensité aux flots de l'océan. Elles étaient toutes pures, désintéressées. Marie s'oubliait, elle souffrait de voir souffrir Jésus. Elle souffrait les douleurs de Jésus. Jésus souffrait en lui-même et en Marie. Comment oublierais-je cela à l'autel ? J'y offrirai pour la gloire de Dieu, pour mon âme et pour les âmes le sacrifice de Jésus et de Marie.

« *Ecce Mater tua!*[1] »

Que cette pensée est douce ! Qu'elle est enivrante même !

La mère de Jésus devient ma mère ! à moi surtout, prêtre, qui suis son fils.

---

[1] - *Voici ta mère.*

Elle me permet de l'aimer et je suis aimé d'elle.

Elle m'adopte, elle veille sur moi, elle me protège, elle m'aime ! *Quid retribuam ?*[1] Que ferai-je pour elle, pour son honneur, pour son culte ?

Je l'aimerai, je serai fidèle à lui rendre hommage. – Je travaillerai à étendre son culte, à la faire connaître et aimer.

Ecce Mater. – Ecce Filius.[2] – Elle est toute à moi, je serai tout à elle.

---

[1] *- Que ferai-je en retour pour elle ?*
[2] *- Voici la Mère ! Voici le Fils !*

Trentième méditation

Saint Jean : le prêtre du Sacré-Cœur

Au Calvaire, il y a encore la personnalité éminente de saint Jean. Ce n'est pas un apôtre quelconque, c'est l'apôtre de l'amour, c'est l'apôtre du Sacré-Cœur.

C'est celui qui a pu dire de lui-même : « Je suis le disciple que Jésus aimait. »

C'est celui qui a trouvé cette définition de Dieu : « Dieu est amour, *Deus charitas est.* » (1 Jn 4, 8)

C'est celui qui a pu dire : « Nous, nous avons connu l'amour de notre Dieu et nous y avons cru. » (1 Jn 4, 16) C'est le prêtre du Sacré-Cœur.

I. Saint Jean est le premier prêtre du Sacré-Cœur

Notre-Seigneur lui a révélé son Cœur en lui en laissant entendre les battements au Cénacle, en le faisant assister à l'ouverture de son côté par la lance et surtout en lui donnant l'intelligence de l'amour, de la charité qui est le fond de la vie divine et qui doit être le caractère de la religion nouvelle.

Or ce que Notre-Seigneur a laissé connaître à saint Jean par un privilège particulier, il nous l'a révélé à nous tous, prêtres de ces derniers siècles, par ses manifestations de Paray-le-Monial.

Saint Jean a *connu l'amour.* Nous avons connu le Sacré-Cœur qui est le symbole et l'organe de l'amour.

Saint Jean a été conduit à l'amour du Sacré-Cœur par les témoignages d'amitié de Jésus, nous y sommes conduits par la révélation du Sacré-Cœur.

II. Amitié de Jésus pour saint Jean

Rappelons-nous l'amitié profonde de Jésus et de saint Jean.

Saint Jean a été le premier disciple de Jésus avec saint André. (Jn 1, 37-40) Il a entendu Jean-Baptiste appeler Jésus l'Agneau de Dieu et il s'est plu à redire ce titre cent fois dans l'Apocalypse.

Saint Jean est toujours auprès de Jésus, il assiste à ses plus beaux miracles et à la transfiguration.

Lui seul peut raconter en détail l'Agonie, parce qu'il y a assisté plus que les autres, et le discours après la Cène, parce qu'il l'a mieux écouté et compris.

Il est assis auprès de Jésus au Cénacle. Saint Pierre sait bien que Jean est l'ami et que par lui il pourra connaître les secrets que Jésus ne révèle pas à tous.

Saint Jean aime et il est aimé. Il se repose doucement sur le cœur de Jésus à la Cène. Il est fidèle jusqu'au Calvaire. Il assiste à la mort de Jésus, au coup de lance, à l'ensevelissement. Il voit de près le côté de Jésus ouvert. Il en essuie le sang, il y peut plonger sa main et son regard. Il l'embrasse sans doute et le lave de ses larmes.

Dans sa grande vision de Pathmos, il voit souvent le côté ouvert de Jésus et l'Agneau immolé.

« Les pécheurs, dit-il, verront celui qu'ils ont transpercé : *Videbit eum omnis oculus et qui eum pupugerunt.* [1] » (Ap 1, 7)

L'Agneau immolé conduit les élus aux sources de vie qui sont ses plaies. (Jn 7, 17)

Saint Jean voyait toujours et partout son Jésus transpercé par le glaive. Il s'en entretenait avec Marie. Il avait eu lui-même, comme Marie, son cœur transpercé par le glaive de la compassion.

---

[1] *-Tout œil le verra, même ceux qui l'ont transpercé.*

III. Son amitié avec nous

Nous, nous avons les manifestations de Paray. Nous avons l'image du Sacré-Cœur sur nos autels et dans nos appartements.

La plaie du Cœur de Jésus, comme une bouche toujours ouverte nous crie sans cesse : « Voilà ce Cœur qui a tant aimé les hommes, et qui ne reçoit de la plupart, et souvent hélas ! de ceux qu'il a le plus aimés, de ses prêtres eux-mêmes, que de la froideur, de l'indifférence et de l'ingratitude. »

Le Cœur de Jésus demande l'amour de tous, mais surtout de ses prêtres.

Les traits qui font au Cœur de Jésus une plus large blessure sont ceux que lancent contre lui des personnes qui lui sont consacrées, soit par le sacerdoce, soit par les vœux de religion.

Bien amères et bien nombreuses sont les plaintes divines que la bienheureuse Marguerite-Marie entendit à ce sujet et dont ses écrits nous apportent le douloureux écho.

« Étant une fois devant le saint Sacrement, écrit-elle, mon Dieu me découvrant son divin Cœur me dit : 'En reconnaissance de l'amour que j'ai témoigné aux hommes, je ne reçois de la plupart que des ingratitudes envers le Sacrement de mon amour ; mais ce qui m'est plus sensible, c'est que ce sont *des cœurs qui me sont consa-*

crés, qui en usent ainsi.' » (Sa vie par elle-même, p. 355)

Une autre fois : « Me découvrant son Cœur amoureux tout déchiré et transpercé de coups : Voilà, me dit-il, les blessures que je reçois de *mon peuple choisi.* Les autres se contentent de frapper sur mon corps ; ceux-ci atteignent mon cœur, qui n'a jamais cessé de les aimer. »

Dix fois la Bienheureuse eut des visions analogues.

O prêtres, aurons-nous des cœurs de pierre ? Considérons le Cœur de Jésus ; les épines les plus cruelles parmi celles qui le déchirent, sont nos ingratitudes et notre indifférence !

N'aimerons-nous pas celui qui nous aime tant ?

Trente et unième méditation

Le cœur sacerdotal de Jésus
dans l'Eucharistie

Sous des apparences de mort, le Cœur de Jésus vit, au Saint-Sacrement, de la vie la plus active.

On peut appliquer au bon Maître vivant dans l'Eucharistie la parole du Cantique des cantiques : « Je dors mais mon cœur veille – *Ego dormio et cor meum vigilat.* » Aucune expression ne saurait mieux rendre le mystère de la vie de Jésus-Christ dans l'Eucharistie et le rôle qu'y joue son Cœur adorable : mystère de mort et de vie tout ensemble, où tout ce qui se voit dit la mort, mais où le Cœur divin est bouillonnant de vie.

I. Dans l'Eucharistie, Jésus semble dormir, mais son Cœur veille

A voir extérieurement, en effet, l'Eucharistie, même en supposant la foi dans la présence de Jésus, il semble bien que le Christ y dorme, enveloppé dans le suaire de l'état sacramentel.

Et de fait, la plupart des hommes le traitent comme un être sans vie. Les chrétiens même y arrivent, soit par légèreté, soit parce que leurs prières sont restées sans résultat, soit parce que le Dieu du tabernacle paraît indifférent à leurs épreuves et à celles de l'Église.

Comme le Christ dormait dans la barque de Pierre, le Christ de l'autel semble appesanti et ignorant de nos malheurs.

Mais si notre foi était plus ferme et plus attentive, elle entendrait sortir de ce tombeau de l'autel, « qui est un sépulcre de vie et de gloire » (Ps 11) la voix du Christ immortel qui nous crie : « Je dors mais en apparence seulement, car mon Cœur veille ; et celui dont le cœur bat n'est pas mort. »

Il fallait que Notre-Seigneur parût dormir dans le sacrement, pour exercer notre foi et pour se donner à nous comme une manne vivifiante. Mais en réalité, il veille et il agit. Job a pu dire : « Qui pourra interrompre le concert que les étoiles chantent à la gloire de Dieu : *Concentum caeli quis dormire faciet !* » (Jb 38, 37) – A plus forte raison l'on peut dire : « Qui interrompra la grande veille de Jésus-Eucharistie ? » Quatre grandes forces l'empêchent de dormir, sa vie divine, sa vie humaine glorifiée, son amour et sa douleur.

II. Il vit de sa vie divine et humaine

Oui, ce Cœur est le cœur d'un Dieu et il vit de sa vie éternelle ; ce Cœur est le cœur d'un homme glorifié par la résurrection et il vit de la vie sans déclin des élus au ciel.

C'est le Cœur du Fils de Dieu, et Dieu ne saurait dormir. Comment dormirait celui qui est la vie éternelle, c'est-à-dire la plénitude de toute vie dans un éternel présent ?

Comment la fatigue détendrait-elle les membres du Tout-Puissant et fermerait-elle les yeux de celui qui est la Lumière de tous les êtres ? « Celui qui garde le monde, et en particulier son peuple choisi, ne dormira ni ne sommeillera : *Ecce non dormitabit neque dormiet qui custodit Israël.*[1] » (Ps 120, 3)

Prenez garde, ô vous tous qui le provoquez dans son apparent sommeil de condescendance et de miséricorde ! « Des profondeurs silencieuses de sa couche, il vous frappera au moment où vous n'y penserez pas, et cette plaie vous restera comme un opprobre éternel. » (Ps 77)

Le cœur de Jésus au tabernacle est aussi le cœur de son humanité ressuscitée et glorifiée ; or les ressuscités ne meurent plus et les bienheureux ne peuvent dormir. Leur regard fasciné par les splendeurs de la face divine jouit d'un ravisse-

---

[1] *- Voici, il ne sommeillera pas ni ne dormira celui qui veille sur Israël.*

ment qui lui est plus doux que le plus tranquille des repos.

Jésus a connu le sommeil de la mort au soir de sa Passion, mais son Père l'en a réveillé glorieusement et il ne meurt plus : « *Fui mortuus, et ecce sum vivens in saecula saeculorum.*[1] » *(*Ap 1, 18)

Et sa vie déborde dans son Église, dans ses apôtres, dans les âmes fidèles, suscitant partout le zèle et la vertu.

III. Le grand amour n'admet pas le sommeil

Le Cœur sacré ne dort pas parce qu'il est tout amour et que le grand amour n'admet ni repos dans son dévouement ni interruption dans ses complaisances.

La *sentinelle* qui garde le camp et qui répond du repos de l'armée se tient debout, l'œil ouvert, l'oreille attentive, malgré la fatigue et l'intempérie. Et Jésus est au saint Sacrement la sentinelle vigilante qui garde son Église.

La *mère,* qui veille sur le berceau de son nouveau-né, ne connaît pas le sommeil et sacrifie joyeusement ses nuits. Or, le cœur de Jésus est un cœur de mère, plein de sollicitude pour ses petits enfants : *Filioli.* Il sait que la vie surnaturelle est

---

[1] *- J'étais mort, et voici que je suis vivant pour les siècles des siècles.*

plus exposée en nous que la vie surnaturelle dans le corps fragile des enfants d'un jour et il nous porte comme dans ses bras. (Is 46, 4)

Son Cœur nous aime en *ami* dont les complaisances sont sans fin, en époux dont les épanchements sont sans fatigue.

Son Cœur veille parce qu'il est le cœur d'un *médecin* qui soigne ses malades sans les quitter jusqu'à ce qu'il leur ait rendu la santé.

Il veille enfin parce qu'il est un cœur de *prêtre,* sollicité sans trêve par deux amours infinis, celui de Dieu à satisfaire par l'adoration, celui des hommes à satisfaire par le dévouement, par le plaidoyer incessant en leur faveur, par la prière pour leurs besoins, par la propitiation pour leurs péchés.

Quel modèle à contempler pour le prêtre !

La quatrième force qui tient toujours en éveil le Cœur de Jésus au saint Sacrement est la lourde charge qu'il porte d'être une victime perpétuellement immolée, non par une douleur actuelle, mais par la mission qu'il s'est donnée de représenter constamment à Dieu et aux hommes les douleurs de sa Passion dans l'anéantissement de son état eucharistique.

Il est là comme ceux qui souffrent, avec sa plaie béante, et ceux qui souffrent ne dorment pas.

Il est là comme la victime toujours immolée, et quoiqu'il ne souffre pas, son état eucharistique a tant de rapports avec sa Passion que s'il daigne s'y laisser voir, comme dans ses apparitions à Marguerite-Marie, c'est ordinairement sous les traits de la douleur et dans l'attitude de l'Ec*ce homo*. (Conf. Tesnière : Études sur l'Eucharistie)

Ô prêtres, voilà votre modèle ! Autant que le permet la faiblesse humaine, veillez toujours. Priez, agissez, aimez, souffrez. Que vos cœurs battent à l'unisson avec le cœur sacerdotal de Jésus !

Ne dormez pas du sommeil de la tiédeur, du sommeil de l'apathie, du sommeil de la vie terrestre et sensuelle. Veillez et vivez de la vie fervente, de la vie d'amour, de zèle et de sacrifice.

Trente-deuxième méditation

La survivance du prêtre

Jésus est immortel, non seulement au ciel, mais dans les âmes, dans l'Église, dans le sacerdoce.

Dans les âmes : il a semé les vertus chrétiennes qui se reproduiront toujours. La pénitence de Madeleine, la foi de saint Pierre, la charité de saint Jean ont été comme des germes qui se reproduisent sans cesse par la fécondité de l'exemple et par la diffusion de l'apostolat.

Dans l'Église : c'est une organisation qui embrasse toujours plus d'âmes ; c'est un édifice qui grandit toujours, solidement appuyé sur ses premiers fondements.

Dans le sacerdoce : Jésus avait dit : « Je serai avec vous jusqu'à la fin des siècles. » Les apôtres transmettaient leur sacerdoce par l'imposition des mains. Ils se survivent à travers les siècles.

I. Le prêtre, comme Jésus, doit se survivre, et d'abord dans les âmes

Si le prêtre a évangélisé avec soin les enfants, quels germes de vie n'a-t-il pas semés ? C'est là une terre vierge et riche ; qui pourra produire au centuple. Ces enfants propageront eux-mêmes leur foi et feront des œuvres qui dureront.

S'il a ramené les brebis égarées, quelle œuvre de vie le pasteur n'a-t-il pas faite ? Ces âmes gisaient dans la mort et répandaient la mort autour d'elles, elles redeviennent vivantes et source de vie.

S'il a conservé des âmes fidèles, s'il les a fait avancer dans la vertu, s'il a cultivé en elles la ferveur, s'il a pu former des âmes d'élite, des âmes unies à Dieu, ces âmes se survivront aussi et seront fécondes en fruits de vie. Le prêtre sera par elles comme par ses propres œuvres, la fontaine dont les eaux ne tarissent pas. (Is 53, 11)

II. Le prêtre doit se survivre dans ses œuvres

La grande œuvre de Jésus a été l'Église. Il l'a fondée sur la foi de Pierre et sur l'autorité des apôtres. Elle se développe, elle grandit, elle est immortelle.

Le prêtre aura ses œuvres. Il fondera peut-être une église, un oratoire, un autel. Il fondera une confrérie, une association, des exercices périodiques. Il fondera les œuvres nouvelles : les patronages, les cercles d'études, les groupes de jeunes gens, les syndicats, les mutualités. Ces œuvres dureront et le prêtre se survivra.

Il aura une joie intense au jour de la fondation. Le jour des semailles est un jour d'angoisses et de difficultés, mais à ses derniers moments le prêtre aura la joie de laisser quelque œuvre vivante et féconde.

Mort, il parlera encore par ses œuvres, par le bien qui s'y fera. S'il a fondé une mission périodique, une œuvre de presse, un tiers-ordre, ces œuvres prolongeront son apostolat. S'il a publié ou répandu quelques bons livres, il prêchera encore après sa mort.

O prêtres, ayez la sainte ambition de soutenir d'abord les œuvres utiles qu'ont fondées vos prédécesseurs, et d'y ajouter s'il y a lieu quelques œuvres nouvelles. Par là vous vous survivrez à vous-mêmes, vous aurez sur la terre même l'immortalité, et vos œuvres parleront pour vous devant Dieu.

Fondez vos œuvres avec le zèle, la charité, la tendresse qui animaient le Cœur sacerdotal de Jésus, quand il fondait son Église.

III. Le prêtre doit se survivre dans son sacerdoce

Jésus se survit dans le sacerdoce. Il a dit à ses apôtres : « Allez, enseignez les nations, je suis avec vous jusqu'à la fin des siècles. »

Il a laissé un groupe hiérarchique d'apôtres et de disciples, qui devaient se conserver, se recruter, se développer jusqu'à la fin des siècles. Le simple prêtre n'a pas à faire des prêtres. Quand il assiste à une ordination, il est heureux de lever les mains avec l'évêque et d'imposer les mains sur la tête des ordinands comme pour leur transmettre quelque chose de son sacerdoce.

Mais si le prêtre ne fait pas les prêtres, c'est lui qui les prépare. C'est lui qui forme les enfants à la piété. C'est lui qui discerne les vocations. C'est lui qui aide l'enfant à entendre l'appel divin.

Samuel était troublé et ne comprenait pas la parole surnaturelle qu'il entendait. Il allait trouver le prêtre Héli. Celui-ci comprit que c'était Dieu qui appelait l'enfant, pour en faire son prophète : « *Intellexit ergo Heli quia Dominus vocaret puerum.*[1] » (1 R 3, 9)

Le prêtre se survivra par les vocations qu'il aura discernées, encouragées, favorisées. Il remarquera l'enfant qui aime les cérémonies du culte, l'enfant qui fait volontiers et pieusement la

---

[1] *- Eli a en effet compris que c'était Dieu qui avait appelé l'enfant.*

sainte communion. Il examinera les conditions de famille, la piété de la mère et les autres circonstances qui peuvent l'aider à connaître les desseins de Dieu.

Combien sont coupables ceux qui se désintéressent des vocations dans la crainte d'avoir peut-être à se déranger ou à faire quelques sacrifices ! Ces prêtres qu'ils aideraient à se former seraient leur survivance sur la terre et leur couronne au ciel.

Il y a d'autres vocations encore dont le prêtre répondra devant Dieu. Il y a des jeunes filles appelées à vivre dans le cloître, des jeunes gens dont la grâce voudrait faire des religieux, des missionnaires, des frères enseignants.

Le prêtre doit discerner et favoriser les desseins de la Providence.

Il se survivra dans ces âmes qui feront le bien. Mort, il parlera encore : « *Defunctus adhuc loquitur.* » (He 11, 4)

Prêtres de Dieu, ayons à cœur de nous survivre pour contribuer longtemps à la gloire de Dieu et au salut des âmes.

Trente-troisième méditation

Le ciel : les récompenses du prêtre

Celui qui aura quitté pour moi, dit Notre-Seigneur, sa maison, son père, sa mère, ses frères, celui-là recevra le centuple en ce monde et la vie éternelle. (Mt 9, 19)

Cela s'appliquait directement à ses apôtres qu'il voulait encourager, et cela s'applique aussi aux prêtres. Mais ici, comme toujours, Jésus est le modèle, il a été le premier à la peine et le premier à la récompense.

I. Les joies du Sauveur sur la terre et au ciel

Les douleurs ont abondé dans la vie de Jésus mais il a eu aussi ses joies. Tous les progrès de la rédemption, tous les fruits du salut le réjouissaient.

L'Évangile ne le dit formellement qu'une fois : « Jésus exulta et remercia son Père, quand il vit les âmes simples et humbles qui adhéraient à la foi. » (Lc 10, 21)

Mais en plus d'un endroit le récit évangélique nous laisse soupçonner la joie de Jésus.

Il est heureux de voir les petits enfants venir à lui. Il les embrasse, il les bénit, il leur sourit sûrement, et il gronde les apôtres qui les éloignent. (Mt 19, 13-15)

Il accepte de prendre part aux noces joyeuses de Cana, pour y préparer les grâces du mariage chrétien et pour mettre en relief sa puissance et la bonté de sa mère.

Zachée et Mathieu offrent un grand repas, un repas joyeux en reconnaissance de leur conversion. Jésus y prend part et il s'unit indubitablement à la joie si louable de ses hôtes. (Lc 5, 29)

Il se réjouit quand il convertit des pécheurs. N'a-t-il pas dit qu'il y aurait une joie intense au ciel quand les pécheurs reviendraient à Dieu ? (Lc 15, 7)

Il se réjouit de la résurrection de Lazare. Il en remercie son Père. Il prend part au festin que donne à cette occasion Simon de Béthanie. (Jn 12, 2)

Il se réjouit après l'institution de l'Eucharistie. Dans les effusions de son Cœur sacerdotal, il recommande à ses apôtres l'union entre eux et avec lui. Il leur rappelle combien son Père et lui les aiment tendrement et il ajoute : « Je vous dis cela pour que vous partagiez *ma joie* et que vos cœurs en soient remplis : *Hoec locutus sum vobis ut gaudium meum in vobis sit et gaudium vestrum impleatur.* » (Jn 15, 11)

Jésus a donc eu ses joies sur la terre, mais sa grande joie est au ciel. Il nous en donne une idée au jour de sa transfiguration. Il y entre pleinement au jour de l'Ascension. Il va s'asseoir à la droite de son Père et il fait entrer pour toujours son humanité sainte dans les joies enivrantes du triomphe et de la vision béatifique : « *Ipsi gloria et imperium in saecula saeculorum.*[1] » (Ap 1, 6)

II. Le prêtre a aussi ses joies sur la terre

La meilleure joie est de monter chaque jour au saint autel, où il se trouve dans la divine présence et entouré de la cour des cieux. Là il possède Jésus. S'il est fervent, il jouit d'un avant-goût du ciel, il reçoit en son âme des torrents de lumière, de charité, de consolation et de salut.

S'il est bien l'enfant de Dieu, s'il vit dans l'esprit de foi, c'est tout le jour que la grâce sacramentelle du sacerdoce et les dons du Saint-Esprit agissent en lui, comme une source intarissable : « *Fons aquae salientis in vitam aeternam.*[2] » (Jn 4, 14) Et les fruits de l'Esprit-Saint ne sont-ils pas la joie, la paix et la charité ?

Quelle joie c'est pour le prêtre de voir les âmes avancer dans la vertu ! Saint Jean écrit dans

---

[1] - *A lui la gloire et le règne pour les siècles des siècles.*
[2] - *Une source d'eau jaillissante pour la vie éternelle.*

sa seconde épître : « J'éprouve une joie profonde en voyant les âmes marcher dans la vérité. » Plus le prêtre aimera Dieu et les âmes, plus il sentira cette jouissance toute surnaturelle.

Quelle consolation aussi pour le prêtre de voir les âmes des enfants demeurer dans leur fraîcheur et les adolescents conserver l'innocence des premiers jours !

Mais la conversion des pêcheurs, le retour des âmes à Dieu est une récompense plus sensible encore pour le prêtre. Il se réjouit alors comme le Père de l'enfant prodigue, comme le pasteur qui a retrouvé la brebis égarée. C'est un mort qu'il a ramené à la vie. C'est un malheureux qu'il a retiré du feu. (Jude 23)

La reconnaissance des âmes est aussi le salaire du prêtre. Il y a des âmes si heureuses de leur conversion, comme était Marie-Madeleine. Toutes ces choses font partie du centuple promis par Notre-Seigneur à ceux qui ont renoncé pour lui aux choses de la terre.

Ils recevront le centuple, parce que les biens spirituels surpassent les biens matériels.

Ils auront même en quelque sorte le centuple des biens terrestres qu'ils ont quittés, parce qu'ils trouveront des âmes généreuses et reconnaissantes qui les aideront ; et s'ils sont religieux, ils trouveront des frères et des maisons.

III. Les joies du prêtre au ciel

Mais ce qui vaut mieux que le centuple des biens terrestres, c'est le ciel, c'est la vie éternelle.

C'est la vie avec Dieu, la possession de Dieu. Cela vaut plus que tous les honneurs, que toutes les richesses, que toutes les joies.

Les prêtres et les religieux posséderont Dieu et ils le posséderont plus intimement que les simples fidèles. C'est à eux comme aux apôtres que Notre-Seigneur a dit : « Vous qui avez tout quitté pour moi, vous serez assis sur des trônes pour juger les autres hommes. »

Votre gloire, ô prêtres, sera en proportion de vos renoncements. Il y aura pour vous comme un paradis spécial, une union plus grande avec le Sauveur, un centuple au ciel, comme vous avez eu un centuple sur la terre.

Les Pères de l'Église et les docteurs n'hésitent pas à appliquer cette promesse de Notre-Seigneur aux prêtres et aux religieux.

Ils jugeront le monde, dit saint Grégoire, parce qu'ils lui sont supérieurs par leur détachement ; parce qu'ils planent comme des aigles dans la contemplation du ciel et le mépris de la terre; parce qu'ils sont les maîtres et les docteurs de la vérité et qu'ils auront à juger si le monde a vécu selon leur doctrine ; parce qu'ayant été jugés par le monde et méprisés par les insensés, ils jugeront à leur tour la folie du monde. (Mor., 26)

Ô prêtres, que cette promesse est encourageante ! Vous serez au ciel des amis spéciaux du Sauveur, des amis intimes. Vous vivrez plus près de lui que le commun des élus, si vous avez vraiment vécu en prêtres sur la terre.

Quel plus puissant encouragement Jésus pourrait-il vous donner ?

Index des citations bibliques

Index des noms

Table des matières